JESÚS A MI ALMA

P. Guillermo Serra L.C.

Imprimatur
Mons. Crispín Ojeda
Obispo Auxiliar de la Arquidiócesis de México

Jesús a mi alma

Primera edición: agosto de 2017
Primera reimpresión: mayo de 2018

Diseño de cubierta: Margara Cortés
Ilustración de portada: Julián Cicero

Prado Norte 565
Col. Lomas de Chapultepec
C.P. 11000
Deleg. Miguel Hidalgo
México, D.F.
Tel.: 4746-4000

ISBN: 978-607-8401-41-3

www.elarca.com.mx

Impreso en México
Printed in Mexico

Esta obra se terminó de imprimir en el mes de agosto de 2017, en los talleres de Fuentes Impresores, S.A., Centeno 109, colonia Granjas Esmeralda, C.P. 09810, Ciudad de México.

A José Ignacio y Elvira, a quienes con cariño llamo papá y mamá. En el 25 aniversario de la "salida de mi tierra" al seminario. Vuestro sacrificio hoy no tiene fronteras.

ÍNDICE

Introducción 13

Prólogo 19
Sal de tu tierra 23
Sal de tu Cielo 24

Jesús a mi alma 27
¿Qué esperas de mí? 29
Te llevaré al desierto 31
¿Me das la mano? 32
Entra en mi corazón 34
¿Por dónde? 37
Busca la pobreza 39
Líbrame, Señor 40
En mi soledad 42
Silencio 44
Que te conozca 46
Protégeme, Señor 48
Te esperaré 50
Un Corazón en el corazón 51
Cuando termines de contar estrellas 54

Mi alma a Jesús 57
Cuestionamientos del alma 57
Dime quién soy 59
¿Qué sería de mí... sin ti? 61
¿Dónde estabas Tú? 62
¿Cuánto? 64
¿Qué es más hermoso? 66

Peticiones del alma 69
Déjame despertar la noche 71
Bendíceme, Señor 72
Camina mis huellas 73
Saber que estás 75
Sólo quiero ir contigo 77
No te canses 78
Hazme libre, Señor 79
Enséñame a aceptar tus tiempos 81
¡Ayúdame, Señor! 82
Parecerme a ti 84
Mi refugio, mi fuerza 86
Consuelo de mi alma 87
Tu amor en el silencio 89
La mejor oración 91

Escóndeme, Señor 92
Enséñame 93
Camina mi alma 95
Abrázame con fuerza esta noche 96
Oración de las manos vacías 97

Reflexiones del alma 101
¿Por qué me amas? 103
A la luz de las estrellas 105
Mi vida es un barco 106
Me encontré contigo 107
Si mi corazón... 108
Sin ti, Señor, yo no puedo 109
Una mirada 111
Aun en el silencio 113
Mi alma tiene sed de ti 114
Un encuentro cara a cara 115
Peregrino voy por este mundo 116
¿Me ayudas a abrir estrellas? 117

Certezas del alma 119
Oración de abandono 121
A mi lado 124

Me dijeron ... 125
Cántico en la oscuridad ... 127
Tú me conoces ... 129
Terreno sagrado ... 130
Mi cielo, tu Cielo… mi fin ... 132

Propósitos del alma ... 133
Te entrego ... 135
Buscaré tu rostro ... 136
Que no se apague este fuego ... 137
Contento, Señor, contento ... 138
Tú serás mi Dios ... 140
Dejarte ser ... 141
Abandonarme a ti ... 144
Sólo por hoy ... 146

A mi Madre María ... 149
Soy niño tuyo ... 151
En tu corazón ... 152
Reina de mi corazón ... 153
Un sí eterno ... 154
No te canses, Madre ... 155
Madre dolorosa ... 157

Tu mirada es de Cielo 159
Escóndeme en tu corazón 161

Oraciones de inspiración evangélica 163
Esos ojos tuyos 165
Señor, yo no soy digno 167
Esta oveja perdida 168
Si quieres, puedes, Señor 170
El perfume de mi corazón 171
En esta noche santa 173
Resucita mi vida 175
A tus pies, Señor, encontré el amor 177
Hijo pródigo 179
Mira que te mira 181
Renacer de nuevo 182
Si conocieras el don de Dios 184
Ven a mí 185
Recostado en tu costado 186
Junto a la cruz busco estar ser y tener 188
Y en mi nombre te descubrí 190
Aquí estoy 192
Señor mío y Dios mío 193
Me esperabas en la orilla 195

Tú sígueme 197
Estoy aquí a la puerta 198

Oraciones por diversas intenciones 201
Oración por mis hijos 203
Oración de los padres por los hijos 205
Oración por mi hijo adolescente 207
Oración por mi esposo 209
Oración por mi esposa 211
Oración de un matrimonio en dificultad ... 213
Oración por los abuelos 216
Oración para sanar las heridas 218
Oración del enfermo 220

Oraciones para ocasiones especiales 221
Ahora que te acercas 223
Ésos, tus ojos 225
Ésas, tus lágrimas 227
Cuando hay amor, es suficiente 229
Cadena de misericordia 232
Madre mía, vida mía 234
Mírame cada día 236

Cuarenta años ... 239
Te fuiste ... 241

Mis experiencias sacerdotales ... 243
Trinidad, divino misterio ... 245
Ven, Espíritu Santo ... 246
Te sostengo ... 248
¿Existirá el amor? ... 249
Mi cruz como sacerdote ... 251
Mis palabras a Jesús y María ... 252
La soledad sonora ... 255

Conclusión ... 257
Oración para buscar a Dios ... 262

Introducción

La idea de presentar una colección de oraciones y poemas espirituales en forma de libro surgió de las personas que leen y siguen mis publicaciones en las redes sociales. Con frecuencia me comentaban lo útiles que les resultaban estas oraciones a la hora de rezar, y me invitaban a considerar la posibilidad de editarlas y publicarlas.

La inspiración para escribir en forma de poemas-oraciones llegó sin pensarlo. Con pluma en mano, comenzaron a fluir expresiones de lo vivido a lo largo de estos ya casi 25 años de entrega y servicio a Dios, a través de mi ministerio sacerdotal. En el alma se habían ido quedando intimidades, deseos, pruebas, diálogos íntimos que, como ascuas cubiertas por la ceniza del tiempo, todavía conservaban su calor y fuego inicial. Bastaba un leve soplo del Espíritu Santo para volver a sentir la fuerza y viveza de lo experimentado.

Así, un buen día comencé, sin saber por qué, a plasmar en palabras lo recibido en mis horas de diálogo con Dios. *Jesús a mi alma* reúne el trabajo de más de tres años de un encuentro íntimo que se hizo oración. Aquí encontrarás mi experiencia personal, pero también la adquirida en mis conversaciones espirituales con muchos hombres y mujeres que me compartieron sus propias vivencias espirituales.

Por lo mismo, los temas de las oraciones son, en cierto sentido, recurrentes: son como líneas fundamentales de mi propia vivencia espiritual, y no un tratado sistemático de vida espiritual. El orden y la estructura del libro buscan, más bien, ayudarte, a ti que me lees, a encontrar oraciones agrupadas por temas, que te orienten en tu orar personal.

En tus manos tienes un libro de oración. Te recomiendo que no sólo lo leas, sino que, sobre todo, ores con él. Reflexiona sus contenidos, hazlos oración, adéntrate en el mar de su riqueza y, a medida que avances en sus páginas, toma nota de lo que más haya tocado tu corazón, aquellas expresiones con las que te identifiques, y vuelve luego sobre ellas. En sus páginas también encontrarás espacios en blanco que pueden servirte para que tú también escribas tu propia oración o para que continúes, extiendas o prolongues algunas oraciones en particular, hasta convertirlas en la expresión de tu propia experiencia personal.

El título de esta obra es una petición, un llamado, una oración en sí mismo, que se convierte en su objetivo final: *Jesús a mi alma*. Y lo que Él te responda, lo que quiera decirte, será siempre una mejor oración, incluso mejor que la tuya. Recuerda que escuchar es un arte, y escuchar a Dios debe ser una escuela de vida. Pido a Dios que esta obra se convierta, para tu alma, en ese lugar de encuentro con Jesús, su Hijo, salido del Cielo para estar contigo.

La portada del libro refleja muy bien tanto su contenido como las ideas más importantes que quiero transmitirte. El hombre se hace peregrino, sale de su tierra para convertirse en buscador. Dios le promete su compañía y fidelidad. El desierto, imagen privilegiada del encuentro de Dios con el alma, se convierte en un lugar de prueba pero, sobre todo, de encuentro con Él. Las estrellas son señales de su bendición y compañía. Por eso, en la noche, cuando hay dificultades, hay que confiar y mirar a lo alto, pues en la oscuridad se logra ver más lejos y se recuerda al Dios, Acompañante fiel, que nos llama. Las huellas, tanto las nuestras como las de Dios, nos recuerdan que vamos avanzando y que vamos hacia una meta.

En cuanto al contenido, en el primer capítulo encontrarás oraciones en forma de diálogo de Dios con el alma. Escúchalas atentamente, y así, los capítulos que siguen te servirán para que, estando a la escucha, puedas percibir cómo, en las diversas vivencias espirituales, Dios se dirige a ti, te habla a ti, a tu alma. Mi recomendación es que continúes ese diálogo y anotes lo que Dios te va diciendo. Podrás así iniciar tu propio diario espiritual de oración. En el capítulo final, también escrito en forma de oraciones, he querido compartir algunas de mis experiencias como sacerdote.

La presencia de María no podía faltar porque es siempre decisiva: una Madre que vela y que nos cuida con su mirada. Por eso, a manera de alegoría, en la portada puede percibirse la discreta luz de la luna que ilumina el desierto. María fue la peregrina por excelencia, ella nos acompaña en este valle de lágrimas, ella nos quiere siempre mostrar el fruto bendito de su vientre: Jesús. Habla con ella para que ella te hable de su Amor, el de Jesús y también el de tu alma. A ella encomiendo el fruto de este esfuerzo por lograr que más almas vayan al encuentro con Jesús.

Mi única intención al escribir este libro es transmitir y compartir la cercanía de un Dios que se hace caminante junto a los que caminamos, con la esperanza de hacer sentir a otros lo que yo he sentido, y encender en sus corazones una nueva hoguera en la que Jesús y el alma puedan recibir calor y abrigo.

Prólogo

Si en este mundo hay un enamorado, ése es Jesús. Si en esta vida hay alguien que busca la felicidad, es nuestra alma.

Parecería fácil: sabemos que Dios es la felicidad eterna, y nuestra alma desea esa felicidad que nunca acaba, pero, ante nuestra pobre respuesta, Jesús pregunta: "¿por qué huyes, alma mía?"

¿Qué es lo que nos hace falta? ¿Qué te falta a ti? Pregúntatelo y date la verdad de tu vida como respuesta. Tal vez tienes miedo. Quizá no conoces a Jesús, o puede ser que, aunque crees en Él, no lo sientes.

¿De qué huyes y qué abrazas? Las respuestas a estas preguntas son lo más importante en tu vida. ¿De qué miedo huyes, de qué ansiedad te refugias, de qué compromiso buscas alejarte? ¿A qué te apegas, sea que lo hagas conscientemente, en sueños o en ilusiones?

Si acaso te da miedo el silencio, tienes un problema: ¡un gran problema! El silencio es orden y música, es luz y vida. En él te encontrarás solo y desnudo interiormente. No podrás esconder nada de ti. Pero, precisamente en ese silencio, Dios te hablará.

El desierto es el lugar del silencio por excelencia, ocasión para las preguntas más existenciales que dan sentido a la vida. ¿De qué te sirve huir en el desierto? ¿Hacia dónde irías? ¿No te estarías encaminando más profundamente a tu muerte? Créeme: es mejor detenerse, sentir hambre y sed; escuchar, pensar, rezar y amar… y sobre todo, dejarse encontrar por Dios.

Dios nos dice que lleva nuestra alma al desierto para hablarle al corazón (*Os 2,16*). ¿Cuál es el desierto al que Dios te quiere llevar? ¿Te encuentras ya en él? ¿Te atreverías a dejarlo todo y adentrarte en sus profundidades, sin miedo?

En verdad, merece la pena. Encontrarás el sentido de tu vida, y lo encontrarás a Él. Yo te acompaño con mis oraciones. Sí, con las que he escrito para ti en este libro y con las que elevo a Dios por ti, que me lees.

Sal de tu tierra para avanzar por el desierto hacia la Tierra Prometida y, así, aprender a gritar a Dios con confianza: "Sal de tu Cielo". Entonces sucederá un encuentro maravilloso, llamado oración, en el que te darás cuenta de que Jesús le habla a tu alma.

SAL DE TU TIERRA

Nuestra vocación como cristianos es igual que la de Abraham. Hagámonos peregrinos.

Abandonar las raíces más profundas,
renovar la identidad en la inseguridad;
caminar incierto hacia la certeza;
contar estrellas con frío y humildad.

Avanzar lentamente, con la misma fe,
confiar en el escudo del silencio de Dios,
encontrar la plenitud en su amistad;
contar estrellas con fuego y verdad.

Sacrificar lo más tierno y querido,
recibirlo nuevamente en fidelidad;
escuchar el eco de ese "Sal de tu tierra";
contar estrellas con lágrimas y generosidad.

Sal de tu tierra, hazte peregrino del Amor.
Sigue a tu padre Abraham:
sus huellas te guiarán hacia las estrellas,
cuéntalas, si puedes, y al final ya llegarás
a la Tierra Prometida de Jesús,
tu Cielo hecho promesa de fidelidad.

SAL DE TU CIELO

Saliendo de nuestra tierra nos convertimos en peregrinos y clamamos al cielo para que Dios se haga peregrino también, entre nosotros.

¿Qué será salir del cielo,
si un vaciarse y no existir?
¿O dejar el paraíso personal
para vivir para los demás?

Mi cielo no es tan Cielo,
me lo creo por seguridad.
Pero mientras vivo en la Tierra
el cielo es mi debilidad.

Sal de tu Cielo no es un grito
ni un regaño a mi alma.
Es una oración hermosa,
un suspiro que me calma.

Cada día me levanto
y escucho muy adentro:
"Sal de tu tierra" y obedezco
confiando en una promesa.

La rutina de ese eco
me golpea en lo más íntimo.
Salgo todos los días
pero pierdo el camino.

Por eso mi existencia
levanta la mirada a lo alto…
Si es que existes y me quieres,
no me digas cada día
que salga de mí mismo.
¡Ven, Tú, Señor, a caminar conmigo!

¡Sal de tu Cielo! Yo te ruego
que las nubes le lluevan
a mi alma afligida
y sin rumbo ya perdida.

¡Sal de tu Cielo!
El mismo que me tienes prometido.
Sé mi escudo y mi estrella,
la herencia siempre eterna.

Saldré entonces a la puerta.
Miraré al horizonte que me espera,
contaré estrellas y mis huellas
esperando tu presencia.

¡Ven, Señor Jesús!
Sal de tu Cielo.

¡Ven, Señor Jesús!
Camina mi alma.

¡Ven, Señor Jesús!
Escóndeme en tu Corazón.

Cielo abierto teñido de rojo.
Cielo derramado en tus lágrimas.
Cielo prometido por tu Padre.

Jesús a mi alma

¿QUÉ ESPERAS DE MÍ?

Mi alma a Jesús:

En silencio me acerco y en silencio me acoges.
Busco una palabra y me encuentro tu amistad.
No me entiendo y no te entiendo,
pero confío en tu Corazón.
Me presento como quisiera ser y
Tú me acoges como soy.
Te acercas a mi pequeñez para así cargarme
sobre tus hombros de Buen Pastor.

¿Qué esperas de mí?

Me canso de ser viajero de este mundo.
Hay tanto sinsentido en mi corazón.
Busco certezas para construir mi felicidad,
caminos seguros que sepan a hogar,
sentir calor, fuego, amor y libertad.
Todo me falla, el amor parece no existir.
¿Dónde vives Tú?
Quiero conocer tu amor.

Jesús a mi alma:

Vivo en ti, si tú vives en mí.
No espero de ti, sino que es a ti a quien espero.
Poseerte para que puedas ser don.

Déjame ayudarte.
Quiero hacerte libre para que cada mañana
vueles hacia mí.
Quiero habitarte para hacerte don;
don para ti mismo y para los demás.
Déjate modelar, déjate amar.

¿Qué espero Yo de ti?

Habitar en tu corazón para que siempre
te cante Yo mi amor.

TE LLEVARÉ AL DESIERTO

Tomaré tu mano y lentamente te guiaré
en lo profundo de mi silencio,
con palabras de enamorado
te llevaré al desierto de mi corazón.

Suavemente, te despojaré de todo ruido,
caminaré escondiéndome en el frío,
te seguiré en las horas de calor,
prepararé el templo de mi corazón.

Libre te quiero, alma mía, muy amada.
Despójate de todo mal,
vuela libre sin distracciones.
Aquí estoy para guiarte sin ser dañada.

La Tierra Prometida es tu destino,
lugar privilegiado de mi amor,
templo santo y espejo del cielo
donde vivirás en mí por siempre.

¿ME DAS LA MANO?

Jesús a mi alma:

Para cruzar el desierto en soledad y siendo tentado
para caminar sobre las aguas y no hundirse,
para subir a lo alto de la montaña y contemplar
mi gloria,
para sentir mi luz de Resucitado.
¿Me das la mano?

Sí, te pido tu mano para que sientas la fuerza
de la mía,
esa que te salvará de andar vagando sin sentido
por el mundo,
la misma que te sostendrá cuando te hundas por
tu falta de confianza,
aquella que te servirá de apoyo, consuelo y guía
para subir a la cima,
la que te mostrará las llagas de mi Pasión,
para confirmarte mi amor y perdón.

Mi alma a Jesús:

Toma mi mano, Señor, como mi guía y mi Pastor;
en la oscuridad, llévame por el camino seguro;
en la soledad, por el de la consolación;
en el de la duda, por el de la esperanza;

en el del dolor, por el del ofrecimiento;
en el de la tentación, por el de la victoria.

Soy todo tuyo, mi mano busco entrelazar
con la tuya.
No permitas que me separe de ti.
Te doy mi mano, Señor, ¡tómala!
Es toda tuya y, con ella, te doy
mi vida y mi corazón.

ENTRA EN MI CORAZÓN

Durante cuarenta años en el desierto,
Israel se preparó para entrar
en la tierra prometida a Abraham y su descendencia.

La tierra con lágrimas de niño encarnado
de dolor, por un pueblo totalmente cerrado,
de tristeza, al ser en la cruz abandonado,
fue fértil, transformando la promesa
en un Dios donado.

Una tierra que tú y yo habitamos sólo en el amor.
Una tierra que es un gran corazón.
Una tierra que vive, ríe y sufre desde su encarnación.
Una tierra que, siendo fin,
te abraza y te da ahora calor.

Promesa que, como Adán, del polvo surgió.
Tras muchos peregrinos, Él mismo
en su tienda habitó.
Morada entre nosotros uno de los nuestros
quiso ser
para, como puente, ser caminado
hasta poder mirar a Dios.

Jesús a mi alma:

Entra en mi Corazón y dime lo que ves:
largos años, eterna espera, hasta por ti nacer.
Ahora te lo abro, es tuyo, dime lo que ves.
Nada oculto, en mí también al Padre verás.
Busca dentro, junto al Espíritu, y dime lo que ves.

Mi alma a Jesús:

Sangre fuerte, sangre roja, sangre que fluye
por tu costado,
sangre limpia que me purifica del pecado,
sangre tuya, sangre mía, vida nueva
que me da mi amado.

Jesús a mi alma:

¡Entra! No contemples. Habita este Corazón
que tuyo es por puro amor, pues no hay otra razón.
Entra y habítalo, escucha sus latidos de pasión.
Vivo está y pronto a perdonar toda tu traición.

Mi alma a Jesús:

Quiero entrar, pero tengo miedo de no perseverar.
Me conozco y débil soy, no sé bien si podré caminar.
Quiero entrar y allí morir, hasta el cielo ya tocar.
Dame fuerzas, Jesús mío, para nunca vacilar.

Jesús a mi alma:

¿Quieres habitar el Cielo sin temor?
Entra, y si confías, ya no me podrás dejar.
No eres tú, soy Yo el que quiere verte perseverar.
Entra, descansa segura y déjate ya amar.

¿POR DÓNDE?

Mi alma a Jesús:

Mis pies cansados caminan, sí,
pero no tienen ya la fuerza de ayer.
La inercia me ayuda a avanzar
buscando el consuelo de tu amor.

Ya no sé qué quieres de mí
ni cuál es el sentido de mi corazón.
¿Por dónde, Señor, he de avanzar?
¿Cuál es tu voluntad?

Mil caminos recorrí y no sé encontrar la paz.
La seguridad se convierte en miedo.
Mi esperanza se rompe en el fuego del dolor
y el amor que un día profesé se seca más y más.

Jesús a mi alma:

Ten paciencia, alma mía, mi amada y predilecta,
tu fuerza no está en tu victoria.
Sé derrota de tu yo cansado y perdido,
así, mi Corazón podrá abrazarte hasta la meta.

El desierto es profundo y terrible,
te ahoga la soledad de no ver nada.

Despréndete de aquello que te estorba.
La humildad debe ser tu vestido y gloria.

A quien amo purifico, acompaño y embellezco
con las joyas que el alma más anhela.
Avanza en mi Corazón, ya convertido,
hacia el Cielo que te abro cada día.

Confía, alma mía, no preguntes ya por dónde.
Yo soy el Camino, la Verdad y la Vida.
Vístete de gala en tu dolor porque ya viene
Aquel que te abrazó sin miedo en su Pasión.

BUSCA LA POBREZA

Busca la pobreza
de ruidos, para escuchar mi voz;
de preocupaciones, para ocuparte de mis cosas;
de distracciones, para fijar tu mirada en mí;
de amores, para ser yo tu único amor;
de sueños, para realizar mi sueño en ti;
de elecciones, para sentir cada día mi predilección;
de gloria mundana, para darme gloria a mí.

Te doy a mi Madre María para que
te recuerde tu vocación de hijo de Dios;
te enseñe a amar como me enseñó a mí;
te proteja y te llene de cariño
como lo hizo conmigo;
te enseñe a caminar el claroscuro de la fe;
te muestre cómo vivir de esperanza y en esperanza;
te envuelva en su amor para que aprendas lo que
es amar con pureza;
te ayude a vivir sólo para mí y para el Padre.

No olvides que te espero, no esperes que te olvide.

LÍBRAME, SEÑOR

Mi alma a Jesús:

Vengo a tu presencia, Señor,
con heridas profundas y lleno de temor.
Mi pasado pesa más que mi esperanza,
mi dolor oscurece el sol de tu presencia.

¡Sáname, Señor! Quiero ver tu amanecer,
escuchar tu voz y ser libre,
caminar por esta vida con una sonrisa,
descubrir tu mirada sanadora.

Líbrame de todo mal.
Líbrame de todo rencor.
Líbrame de todo recuerdo.
Líbrame de todo miedo.
Líbrame de lo que no seas Tú.

¡Sáname, Señor, muéstrame tu Corazón!
Limpia el mío de toda mancha y desconfianza,
purifícalo de todo apego personal,
séllalo con la cruz de tu perdón.

Jesús a mi alma:

Vine al mundo como Doctor.
Ábrete a mi gracia.
Suelta las amarras de tus seguridades.
Lánzate a lo profundo de mi amor.

Deja todo en mis manos redentoras.
Despréndete de tu pasado y perdónate.
Yo te perdoné y no quiero verte triste.
Confía en la misericordia de mi Corazón.

Camina sobre mis huellas,
mira al cielo y sonríe:
desde el Cielo te bendigo y te pido:
¡déjame sanarte y besarte cada día!

EN MI SOLEDAD

Mi alma a Jesús

Me siento solo, Señor, tantas veces olvidado
de mí mismo, y del mundo separado.
Tengo dudas del amor y del pasado.
Y mis heridas, también me tienen encadenado.

Camino lentamente hacia delante,
sin seguridad ni horizonte alguno.
Soy un pobre ser humano errante,
hasta el amor me parece inoportuno.

Puedo ver todo negro, sin alegres colores.
Mi vida puede ser un rosario de errores.
Quiero ser liberado de todos mis temores.
Ven a mí, Señor Jesús, de mil amores.

Jesús a mi alma

¡Oh! alma mía, oveja más preciosa,
no estás deprimida, sino distraída.
Abre bien tus ojos y sé curiosa,
que mi canto te levante a ti, caída.

Siempre a tu lado Yo he estado;
en ningún momento me he apartado.

Junto a ti, Yo siempre he caminado;
con mi Sangre, cada día te he lavado.

Dame tu mano temblorosa.
Siempre has sido, para mí, preciosa.
Tu alma es para mí una rosa
que despliega su perfume, silenciosa.

Vuela ya hacia mí y deja tu desánimo.
Nada ni nadie puede ya hundirte.
Con mirada siempre nueva te rescato.
Para mí lo eres todo, para siempre.

SILENCIO

Mi alma a Jesús:

El silencio parece ser tu lenguaje hacia el hombre.
El silencio fue testigo del acto de la Creación.
El silencio de la noche te acogió entre los hombres.
El silencio te envolvió hasta el Bautismo.

El silencio comunica profundas emociones.
El silencio provoca reacciones.
El silencio me muestra mil razones.
El silencio me recuerda mil canciones.

El silencio es medicina y alimento para mi camino.
El silencio es música y compañía
para mí, peregrino.
El silencio es plenitud cuando
se tiene corazón de niño.
El silencio es amor que me lleva a mi destino.

Jesús a mi alma:

Sí, el silencio es mi lenguaje porque soy Palabra,
la Palabra que habló el Padre y, así, en silencio,
ha de ser escuchada por tu alma.

Silencia tu razón y entendimiento;
tus pasiones, tu corazón y sentimientos;

tus emociones, sueños y temores;
deja que te hable a los cuatro vientos.

Confía, ¡oh, alma mía!, pues soy presencia
y no ausencia,
doy la vida a través de mi Corazón traspasado.
Mi silencio es amor que te da toda su esencia
Soy amor, y como enamorado,
mi silencio te he dejado.

Abrázalo, vívelo, escúchalo, pues será
para ti alimento,
palabra viva que te librará de cualquier tormento,
paz para tu alma atribulada en este momento,
vida eterna que te salva y te da mi testamento.

QUE TE CONOZCA

Mi alma a Jesús:

Que te conozca, Señor,
como soy conocido por ti,
revélate a mi alma plenamente
y descansaré en ti, mi único bien.

Soy peregrino de la paz que sólo Tú puedes dar,
cuento amaneceres esperando tu visita,
líbrame de mí mismo, Señor,
para que pueda volar al nido de tu amor.

Escóndeme bajo la sombra de tus alas,
fija mi vista en tus manos benditas,
guarda mis lágrimas en tu Corazón,
limpia mi culpa y líbrame de todo mal.

Jesús a mi alma:

Te conozco desde toda la eternidad.
Te pensé con amor, te creé con alegría.
Eres mía y, por ti, Yo di la vida.
No temas, aquí estoy, muy dentro de ti.

Yo también soy peregrino en tu corazón,
tengo en él mi tienda bien plantada,

quiero caminarlo hasta lo más profundo,
si me dejas, sanaré todas tus heridas.

Te conozco, amada mía,
pero déjame avanzar sin límites.
Ábreme toda puerta y ventana,
pues, tu alma es mía, muy amada.

No tengas miedo, conocerte es mi delicia,
es mi vida y es mi gozo.
Quiero que te conozcas, conociéndome:
soy tu Hacedor, Salvador y Redentor.

PROTÉGEME, SEÑOR

Mi alma a Jesús:

Desde el amanecer te invoco.
Tu presencia me sostiene seguro.
Confío en tu promesa.
Salgo en tu búsqueda.
¡Protégeme, Señor!

No puedo negar que tengo miedo:
la inseguridad me persigue,
la debilidad me paraliza,
la tristeza me abraza.
¡Protégeme, Señor!

Quiero, pero muchas veces no puedo.
Enséñame, Señor, a caminar sin parar,
quítame la inseguridad de mi corazón,
da fuerza a mi alma cansada.
¡Protégeme, Señor!

Sé mi escudo en medio del ruido.
Sé mi escudo cuando te sienta escondido.
Sé mi escudo en medio del dolor.
Sé mi escudo cuando sienta temor.
Sé mi escudo en medio de la tormenta.
Sé mi escudo cuando mi alma esté sedienta.

Jesús a mi alma:

Yo seré tu escudo protector.
Yo seré tu seguridad y certeza.
Yo seré tu refugio y descanso.

Pero…
déjame ir delante, abriendo camino;
déjame velarte en tu sueño, ya vencido;
déjame alimentarte con pan y vino;
déjame ser Yo tu don divino.

A quien quiero pruebo como el oro en el crisol.
A quien quiero purifico y dignifico.
A quien quiero acompaño en silencio.
A quien quiero Yo libero.

Déjate querer, mi escudo te protegerá.
Déjate querer, mi escudo te fortalecerá.
Déjate querer, mi escudo te sostendrá.
Déjate querer, mi escudo te enamorará.

Yo seré tu escudo por siempre, hasta la eternidad.

TE ESPERARÉ

Desde lo alto y en silencio, te esperaré.
Sufriendo y amando en la cruz, te esperaré.
Sediento y sin aire, te esperaré.
Clavado y moribundo, siempre te esperaré.

Te esperaré mientras vivas.
Te esperaré hasta que me busques.
Te esperaré hasta que me encuentres.
Te esperaré hasta que me abraces.

Mi vida la doy por ti para salvarte.
Mi silencio es espera paciente.
Mi dolor, rescate del mal, siempre hiriente.
Mi sangre es vida nueva para lavarte.

Te esperaré, como el Padre, para
compartir el mejor vino.
Te esperaré, como el Pastor, para
llevarte en mis hombros.
Te esperaré, como a los de Emaús,
para revelarme en el camino.
Te esperaré con mi paciencia y mis
brazos siempre abiertos.

UN CORAZÓN EN EL CORAZÓN

Mi más grande anhelo:
alcanzar mi tan soñado cielo;
mi seguridad más fuerte:
Jesucristo, mi inquebrantable puente.

Escondido y muy profundo vive mi tesoro,
llama ardiente, grande e indomable,
todo lo abrasa e ilumina
con la pasión de un Dios cercano.

Inquieto voy, buscando lo definitivo,
estable en la serenidad de ser amado,
explorando fuentes vivas y sonoras,
descansando en el silencio reposado.

Un Corazón en el corazón,
puerto seguro de tormentas,
maestro de lo eterno,
barca siempre viva y siempre nueva.

Escondido en lo profundo no hay temores;
mis deseos no conocen ya ladrones;
seguro dentro de su tienda,
poco a poco, sus latidos me serenan.

Mi alma a Jesús:

Suave noche de estrellas quietas,
dulce voz de la Palabra que se acerca,
eco vivo del amor del Padre,
eres mío y ahora soy más tuyo.

Toma ya mi mano fatigada,
dame, por fin, ésa, tu mirada.
Aquí estoy sobre el altar,
ayúdame a cantar tu llegada.

Míos son los cielos y mía es la tierra,
mía es tu Madre y mías son las almas,
tuyo soy hasta que quieras,
porque quieres que lo sea para siempre.

Jesús a mi alma:

En tu vida también hay un amanecer,
una luz que disipa las tinieblas de tu corazón,
las heridas, los olvidos, las dudas y temores.
¡Despierta y abre bien los ojos!

La luz calienta el frío de tus miedos,
ilumina con colores siempre nuevos
cada rincón oscuro de tu vida.
No seas ciego al acoger este nuevo día.

Mira cuánto amanece a tu alrededor:
tus seres más queridos,
tu cuerpo plenamente restablecido,
tu mundo interior en busca de la paz.

Es un nuevo día para dejar que la alegría
toque lo más íntimo de tu corazón.
¡Despierta y no estés despistado!
Busca dar gracias con tu mejor canción.

CUANDO TERMINES
DE CONTAR ESTRELLAS

Cuando termines de contar estrellas entenderás,
sí, entenderás que la vida no se ve igual
de arriba abajo que de abajo arriba.

Comprenderás que cada estrella
es un mensaje de amor para ti.

Que cada vez que miras para abajo
te destruyes a ti mismo
porque Yo, lo que quiero,
es que mires hacia lo alto.

Que tu corazón es también un cielo
lleno de tantas estrellas
como seas capaz de amar
en tu caminar hacia mí.

Cuenta, si puedes, todas mis señales,
mis caricias a tu alma peregrina,
y no olvides que, para contar estrellas,
hay que estar a oscuras.

Mi amor se hace más patente
al desprenderte de tantas luces falsas.
El cielo se abre a lo infinito
cada vez que te vistes de silencio.

Cuenta estrellas en el frío de la noche
para sentir el calor de quien te mira.

Cuenta estrellas en la oscuridad del silencio
para sentir la luz de quien te extraña.

Te amé desde toda la eternidad.
Pinté un cielo con tu alma.
Enciendo mi esperanza cada noche
y espero que sigas mirándome
porque te amo con infinitas estrellas.

Mi alma a Jesús

Cuestionamientos del alma

DIME QUIÉN SOY

Dime quién soy en tu mirada;
muéstrame en qué lugar,
muy dentro de tu Corazón,
habito yo desde la eternidad.

Dime quién soy en tus preguntas,
ésas que llegan a lo íntimo
y me dejan libre de excusas,
desnudo en medio del camino.

Dime quién soy en tu barca,
la de la primera llamada,
la tuya que, al final, fue mía,
testigo fiel de nuestra jornada.

Dime quién soy en tu oración,
cuando en lo alto de los montes, separado,
despertabas a la aurora muy temprano,
escuchando a tu Padre tan amado.

Dime quién soy en tus palabras,
manos delicadas de alfarero
que modelaban mi pobre corazón,
mostrándome la esperanza del sendero.

Dime quién soy en tus lágrimas,
las de la ciudad de tu destino

y las derramadas por un amigo,
figuras de las que por mí has vertido.

Dime quién soy en tu bendición,
la que me regalas con tanto amor,
la que me dice bien quién soy,
la que me da alas para volar sin temor,
la que me dice: “preocúpate sólo por hoy”.

Dime quién soy, Jesús, con tu vida y Resurrección.

¿QUÉ SERÍA DE MÍ... SIN TI?

¿Qué sería de mí…
si no pudiera sentirte vivo y muy cercano?
¿Si no experimentara tu compañía en la oración?
¿Si no fueras mi refugio cuando me siento solo?

¿Qué sería de mí, Jesús…
si no tuviera el consuelo de tu Santo Espíritu?
¿Si no me alimentara de ti en la Eucaristía?
¿Si no descansara en la fuerza de tu Palabra?

¿Qué sería de mí, Jesús... sin ti?
Vagaría sin rumbo y sin dirección,
tratando de calmar las ansias de ser amado.
Buscaría sin cesar una mirada que me cautive,
una mano que me levante y me sostenga,
una palabra que me diga “te amo”,
unos brazos que me ofrezcan consuelo.
Todo ello, sin éxito.

¿Qué sería de mí... mi Amado... sin ti?

¿DÓNDE ESTABAS TÚ?

Desde que salí de mi tierra,
he buscado tu rostro, Señor.
Cercano a mí, Tú has caminado;
de tu mano nunca me has soltado.

Me llamas a tocar el fuego de tu amor,
a sentir las palabras de tu Corazón,
a comer el cuerpo de tu Pasión,
a caminar tu vida con ilusión.

Camino siguiendo tus huellas,
pero ¿qué sucede si me quedo sin ellas?

La tempestad llega fuerte y se hace densa.
Tu silencio no lo entiendo y me pesa.
Las preguntas se abren muy intensas,
y sin tu respuesta, ¿dónde queda la promesa?

¿Dónde estabas Tú, Señor,
cuando llegó la tormenta de la tentación,
dejándome desorientado y a la deriva
bajo el horizonte negro de la sinrazón?

¿Dónde estabas tú, Señor,
cuando la enfermedad tocó a mi puerta?
Esa cruz que deja al alma inquieta,
pobre de esperanza y sin fuerzas.

¿Dónde estabas tú, Señor,
cuando la muerte llegó inesperada,
acabando con la vida muy temprana,
abriendo heridas que parece que no sanan?

¿Dónde estabas tú, Señor,
cuando te pedía y no me respondías?
Y perdía el horizonte y mi guía,
dejando el camino y borrando mi alegría.

¿Dónde estabas tú, Señor?
Dime: ¿dónde?

¿CUÁNTO?

Mi alma a Jesús

¿Cuánto cuesta un abrazo?
¿Cuánto pesa una lágrima?
¿Cuánto alegra una sonrisa?

¿Cuánto vale un beso dado en silencio?
¿Una caricia que suaviza una herida?
¿Un sueño cantado con obras?

¿Cuánto cuesta tu amor?
¿Cuánto pesa tu cruz?
¿Cuánto miden tus heridas, oh Jesús?

¿Cuánto, sí, dime cuánto, Señor?

Jesús a mi alma:

Depende de ti, de tu amor y tu dolor.
Pon amor en tu vida,
da abrazos gratis,
convierte lágrimas en perlas,
extiende tu sonrisa al mundo entero.

Vive, sí, ¡vive!
Entrega tu mano,
ensancha el corazón,

abre los ojos,
despierta tus sueños.

Volar es fácil,
si de tu egoísmo te desapegas.
El precio es tu libertad,
el peso son tus alas.
Ama y vuelve a amar.
Ama porque amas.
Ama para amar.

¿QUÉ ES MÁS HERMOSO?

Será el ritmo incansable de las olas
que rompen y cantan, arrullan y bailan
con constancia y brío impetuoso.

Será la espuma plateada
que brilla y galopa las olas
creando ricos contrastes de experta pintora.

Será el azul espacioso y dichoso
que teje su forma con hilos distintos,
tapiz siempre nuevo y vibrante.

Será el horizonte que marca el final,
límite ancho y luchado día con día.

Será el cielo que luce azul de lucero,
gris de aguacero,
negro de noche de gala,
brillante de brillo y estrellas cantadas.

Dime, Dios mío, ¿qué es más hermoso?

La juventud y su fuerza.
Las olas que llegan y van.

La espuma blanca que cubre, de la vida, la cresta.
La madurez que pinta una experiencia.

El azul del amor que es probado.
Los contrastes que tejen la fidelidad.

Los sueños ya alcanzados
que esperan el horizonte día con día.

La muerte que nos viste de gala
y nos transforma en estrellas
por siempre brillantes.

Mi alma a Jesús

Peticiones del alma

DÉJAME DESPERTAR LA NOCHE

Déjame despertar la noche,
estrenar la mañana a tu lado,
desvelar las estrellas con el sol,
iluminar el mundo con mi oración.

Mientras los corazones duermen
y el silencio reina sin interrupción,
elevo mi alma como incienso
en profunda y respetuosa adoración.

Antes de que el gallo cante
y recuerde yo también mi negación,
de rodillas te imploro tu perdón.

Antes de que brille el sol
y la aurora rompa el cielo,
de rodillas te miro con pasión.

Antes de que calle el silencio
y el ruido envuelva al mundo,
de rodillas te elevo mi canción.

Antes de que vuelen los pájaros
y anuncien un nuevo día de amor,
de rodillas te ofrezco mi dolor.

BENDÍCEME, SEÑOR

Bendíceme cada mañana al despertar
para que sepa a quién entregar mi amor.

Bendíceme en lo más profundo de mi corazón
para que sepa ser don para los demás.

Bendíceme en todos mis talentos
para que sepa sembrarlos a los cuatro vientos.

Bendíceme en cada paso de mi andar
para que sepa tocarte en cada paisaje.

Bendíceme en mis momentos de oración
para que sepa escuchar tu voluntad.

Bendíceme en mis pensamientos
para que sepa ser palabra y aliento.

Bendíceme en mis propios límites
para que sean siempre tus canales.

Bendíceme, Señor, cada día
y te cantaré una canción.
Quiero ser tu bendición para mis hermanos.

CAMINA MIS HUELLAS

Caminando peregrino me cansé de tanto andar.
En soledad avanzaba sin saber dónde parar.
Grité en mi desierto interior
buscando una respuesta, un sentido, una luz superior.

Me pediste salir de mi tierra, y así avanzo,
pero yo te pido, Señor, que no me dejes solo.
Te grito, suplico y ruego que camines mis huellas:
¡Sal de tu Cielo y muéstrame el camino!

Camina las huellas de mi corazón,
regalo que me diste al nacer,
me avergüenza presentártelo, pues no sé cómo amar.
¡Entra en él y hazlo tuyo ya, Señor!

Camina las huellas más profundas,
aquellas que más me duelen,
en las que me sentí abandonado por tu amor.
Enséñame a verme en tus brazos a cada paso que me das.

Camina las huellas más oscuras,
aquellas que más pena me dan,
las que dejé cuando me amé a mí nada más.
Enséñame a confiar y a olvidar mi debilidad.

Camina las huellas más alegres,
aquellas que llenan mi vida de gozo,
las que dejé en mis hermanos cuando amé de verdad.
Enséñame a perseverar en mi misión.

SABER QUE ESTÁS

¡Qué fortaleza y consuelo siento
al saber que Tú, Señor, estás conmigo!
¡Cuántos temores infundados y miedos
descubro al caminar cada día!

Temor al mañana,
a sentirme solo,
a no ser aceptado,
a no poder experimentar el amor,
a no concretar mis sueños más profundos.

Miedos que quebrantan mi alegría
y empañan el brillo de mi mirada.
Temores que encadenan mis pies al suelo
y me impiden correr hacia ti
con la confianza de un niño.

Concédeme, Señor,
la alegría sincera de descansar en tu voluntad,
la paz infinita de refugiarme entre tus brazos,
aun en medio de cualquier tormenta.

Serena mi espíritu turbado cuando lo necesite
y mi fe cuando se encuentre débil.
Sostenme con tu mano poderosa
y no me dejes caer.

Que me sumerja con todas mis fuerzas
en el océano infinito de tu Misericordia
para que nada ni nadie me separe de ti,
mi Refugio, mi Médico, mi Amor, mi Paz.

SÓLO QUIERO IR CONTIGO

Sólo quiero ir contigo
adonde tu Espíritu me lleve,
al lugar donde tus planes concluyen
y la alegría me envuelve.

Sólo quiero ir contigo
allí donde un día me soñaste,
donde tejiste mi historia
aquel día entre tus manos.

Sólo quiero ir contigo,
aunque con lágrimas,
por mis propias derrotas
y el orgullo que muere
en tu voluntad siempre.

Sólo quiero ir contigo
adonde moran tus deseos,
adonde tus brazos me estrechan,
y donde tu sonrisa no acaba.

Sólo quiero ir contigo
hoy, mañana y siempre:
renovar con cada amanecer
este deseo de ir contigo
adonde Tú me lleves.

NO TE CANSES

No te canses de esperarme como tu oveja.
No te canses de llevar mi pecho a tu cabeza.
No te canses de presentarte como mi certeza.
No te canses de descubrirme tu belleza.

Mi cansancio me pesa sin medida:
ya no avanzo y me quiebra mi herida;
estoy perdido y necesito una guía.
Quiero ser feliz, pero no encuentro la salida.

No te canses, Señor, no te canses.

HAZME LIBRE, SEÑOR

Hazme libre, Señor,
para amarte como Tú me amas,
para dejarme acoger por tus brazos
que, clavados en cruz, me esperan.

Hazme libre, Señor,
de los apegos del mundo
que encadenan mi corazón
y limitan mi entrega diaria.

Hazme libre, Señor,
de las culpas, errores y heridas
que ocupan mi interior
sin dejar espacio para ti.

Hazme libre, Señor,
de las insatisfacciones y tristezas,
del tedio y la desesperanza
que borran la sonrisa de mis labios.

Hazme libre, Señor,
de la venganza, desconfianza y soledad
que golpean insistentemente
a las puertas de mi esperanza.

Hazme libre, Señor,
para correr a ti como un niño

que se deja amar en silencio
por tu Espíritu que arropa el alma.

Hazme libre, Señor,
despójame de vestiduras inútiles,
de vanidades que estorban,
que se interponen entre tu Corazón y el mío.

Hazme libre de los amores pasajeros
tras los cuales corro inquieto
convirtiéndome en mendigo de amor,
buscando saciar el hambre de ser amado.

Hazme libre, Señor,
para que, como Tú en la cruz,
mi vida sea pan para partirse
en entrega absoluta a mis hermanos.

Hazme libre, Señor,
para no aspirar al cariño del mundo.
Que seas Tú mi mejor Amigo
y el único Dueño de mi nada.

ENSÉÑAME A ACEPTAR TUS TIEMPOS

Señor, enséñame a aceptar y entender tus tiempos
desde la confianza que tu amor me brinda,
sabiéndome protegido por tu fidelidad,
Providencia que nunca me desampara.

Que mi esperanza
descanse en tus designios;
que todos mis anhelos y sueños
reflejen tu voluntad;
que no desee yo otra cosa
distinta a lo que a ti te agrada.

Y así, viva sin más tiempo y calendario
que los que tu amor marque en mi vida.

Enséñame a aceptar tus tiempos, Señor;
a comprender, desde el silencio de la entrega
y desde la conciencia en la renuncia,
que siempre, todo, ocurre por mi bien.

¡AYÚDAME, SEÑOR!

¡Ayúdame, Señor!
A remar en las aguas de la fe;
a lanzar, aunque parezca inútil,
las redes de la esperanza;
a confiar, aunque me desespere
en lo que hago por tu nombre.

¡Ayúdame, Señor!
A confiar en tu Palabra,
a fiarme de tus indicaciones,
a orientarme sin miedo alguno
en la dirección que me propones.

¡Ayúdame, Señor!
A creerme lo que soy: un pecador;
a ser consciente de mi pequeñez,
a ofrecerte lo poco que tengo,
a darme con lo mucho que Tú me das.

¡Ayúdame, Señor!
A no vencerme si no hay resultados inmediatos,
a no desanimarme cuando surjan dificultades,
a no dejar de pescar en terrenos indiferentes.

¡Ayúdame, Señor!

A deslizarme del "yo" hacia el "nosotros",
a caminar de lo "mío" hacia lo "nuestro",
a llevar al otro del "conmigo" al "contigo",
¡Ayúdame, Señor!

PARECERME A TI

En cada oración
elevo una petición,
dejo escapar un suspiro,
un deseo hondo de perdón.

Veo mi pequeñez alargada por los años.
Caminos y tropiezos repetidos.
Misma culpa sin remiendo.
Viejos recuerdos que no olvido.

Parecerme a ti es mi oración más sencilla;
eso es todo y parecería poco, Señor,
pero implica toda una vida,
mi sola petición de todo corazón.

Parece poco y es tan difícil.
Me precedes y me sostienes.
Caminas a mi lado, delante y deprisa.
Te siento tan cercano, y a la vez, tan lejano.

¿Qué me falta para ser tu imagen viva?
¿Qué me sobra para alcanzarte?
¿Cómo debo mirarte para imitarte?
¿Cómo debo buscarte y sostenerte?

¡Responde, Señor!

Pues en parecerme a ti
está toda la vida y el éxito
de mi peregrinar de cada día.

Parecerme a ti, escuchando tu Palabra.
Parecerme a ti, contemplando tu mirada.
Parecerme a ti, tocando tu Eucaristía.
Parecerme a ti, volando por la fe.
Parecerme a ti, amando tu Corazón.
Parecerme a ti, dando a mi hermano.
Parecerme a ti, sosteniendo a mi prójimo.

MI REFUGIO, MI FUERZA

Que no se apague en mí tu fuerza,
que no se extinga el brillo en mi mirada,
no me abandone el gozo de servirte
cuando llega la noche oscura del alma.

Ven y socórreme con prisa,
dulce aliento que aviva mi esperanza,
que renueve en mí el deseo de servirte
con prontitud e inflamada de amor el alma.

Servicio que es mi vida.
Con sello de amor ungiste mi alma.
Que en este destierro sólo me baste
tu mano y tu tiernísima mirada.

Vanos son los halagos del hombre
y triste tesoro sus palabras
que ciegan a cuantos las escuchan
y confunden burlando al alma.

Que mi sonrisa sea por tus labios
que siempre fieles me hablan de Cielo
y de eternidad que no se acaba.

Y que siempre me esconda hasta perderme
en ti, mi único y verdadero Amor,
fortaleza y refugio de mi alma.

CONSUELO DE MI ALMA

El brillo intenso de tu mirada
es fuente de Agua Viva
que calma cualquier sed,
ya sea de amor o alegría.

Brazo que me sostiene,
mano que me acaricia,
eres Médico divino
que cura mis profundas heridas.

Ven a mi alma pronto,
que el dolor no pasa;
golpea esta noche la puerta
y decídete a entrar de prisa.

Aquí te estaré esperando,
Amor eterno y precioso,
porque al fin habitarás mi alma
y le darás un sereno reposo.

No retrases tu llegada,
pues cada noche aguardo
que llames a mi puerta
y toques mi corazón.

Quédate en él para siempre,
dándome lo que tanto añoro:
tu presencia, que basta
y es consuelo de mi alma.

TU AMOR EN EL SILENCIO

En el silencio de este bendito misterio,
me hablas al alma en callado lenguaje de amor,
susurro que enamora, perfume que me encanta:
es tu presencia en cada Eucaristía.

Cada día, llámame.
Cada día, búscame.
Cada día, insísteme
que a tu encuentro quiera ir.

No te rindas, mi Amado,
sedúceme desde tu encanto,
conquístame el alma,
enamórame cada día más de ti.

Silencio de amor que eliges
y yo no comprendo;
callado abecedario
que sólo entienden los enamorados.

A veces se torna en melodía
la forma que eliges para amarme;
otras veces, me hablas
con demostraciones que, sin palabras,
me dicen de tu búsqueda y de tu espera.

Cuán duros se tornan los días
en que busco mil respuestas
en el cielo, en las estrellas,
en el silencioso pentagrama de mi vida
donde escribo notas de aparente soledad.

¿Por qué callas, Amado mío?
¿Acaso el silencio es tu grito de amor?
No me dejes sin respuestas.
Enséñame el alfabeto que escribe
las más hermosas palabras de amor.

Revélame el sendero,
inspírame en el silencio
la paz de saberme amado.
No retrases más el momento,
que mi alma anhela el dulce encuentro.

Guárdame muy dentro
y dame verdadera agua de vida
que sacie mi sed de amor
y renueve mi deseo de ser,
para siempre, sólo tuyo.

LA MEJOR ORACIÓN

Mi corazón tiembla ante tu presencia.
Mis labios se estremecen con asombro.
Mi mente no encuentra palabras,
ni de mis ojos brota esa mirada.

Sí, esa mirada que quisiera tener para ti
en cada momento de oración.
No sé bien qué decirte ni qué callar.
Lo eres todo, y yo qué poco soy.

Recibe con humildad mi mejor canción.
La dedico toda para ti desde mi corazón.
Compón Tú la más profunda oración:
A, B, C, D, E… con todo el abecedario.

Tú conoces las más hermosas palabras.
Tú conoces lo que hay en mi interior.
Tú conoces mi historia y lo que necesito.
Tú conoces cuán grande es mi amor.
Compón Tú con estas letras mi mejor oración.

ESCÓNDEME, SEÑOR

Escóndeme, Señor, en lo profundo de tu Corazón,
libre de cualquier desvío o tentación.

Escóndeme, Señor, en lo más íntimo de tu oración,
seguro de llegar al cielo de tu amor.

Escóndeme, Señor, en el calor de tus manos
y ayúdame a ser generoso con mi hermano.

Escóndeme, Señor, en lo más tierno de tu Eucaristía
para vivir la santidad de noche y de día.

Escóndeme, Señor, en fin, en el regazo de tu Madre
para escuchar siempre la Palabra de tu Padre.

ENSÉÑAME

Enséñame a descubrir que tus tiempos son perfectos
y que nada en ti pasa desapercibido ni se pierde;
que un instante de oración puede hacer milagros,
romper cadenas y apresurar la obra de tus manos.

Enséñame a descubrir la dulce melodía del silencio
que Tú cada día compones para encontrarte conmigo,
aquella que ni siquiera percibo
por vivir en un constante ruido.

Enséñame a desprenderme de recuerdos tristes
que, como heridas abiertas, sangran si los revivo
dejando ciegos mis ojos al dolor
que por mí padeces en el crucifijo.

Enséñame a perdonar ofensas y olvidos,
desilusiones con las que me han herido,
son como tormentas que empañan el vidrio
por el que cada día, al despertar, yo miro.

Enséñame a esperar lo que quieras concederme,
pues, por impaciencia y ansiedad olvido
que nada ocurre por casualidad o destino,
sino por gracia y voluntad de tu Corazón,
amante del mío.

Enséñame, Jesús, que jamás decepcionas a quien
en ti confía,
que tus planes son sabios y perfectos
porque, aunque me alejo buscando otros caminos,
Tú logras que te busque y encuentre
el reposo que tanto ansío.

CAMINA MI ALMA

Mi corazón cansado
busca recostarse en el tuyo,
recuperar el amor no amado
amando al Amor encarnado.

Dejarme caminar el alma por tu amor,
que Aquel que es camino
se haga peregrino en mi corazón
y viajero de mi interior.

Que señale con su dedo mi futuro
apuntando hacia el cielo,
que me dé señales de vida
para llegar sin distracciones a la meta.

Buenas noches, Caminante, Peregrino y Señor,
que Tú también descanses en el
centro de mi corazón.

ABRÁZAME CON FUERZA ESTA NOCHE

Abrázame con fuerza esta noche
porque así podré olvidar mis penas,
silenciar las palabras sin sentido,
aquietar los latidos de mi corazón
y refugiarme entre tus brazos.

Abrázame con fuerza esta noche
y deja que nada perturbe este momento,
ni las culpas, ni los errores,
ni las debilidades, ni aquello que me desanima.

Sólo tu presencia bastará para que nada sea igual.
Tu pecho será mi sostén;
tus brazos, mi más precioso refugio de amor.
¿Por qué retrasas tu llegada,
si mi alma desde siempre te espera?

Abrázame con fuerza esta noche
y déjame así pasar esos instantes
que un día serán eternidad
de consuelo entre tus brazos,
que me dan seguridad.

Ya llegas...
A una oración está tu abrazo.
Aquí te espero, mi Señor.

ORACIÓN DE LAS MANOS VACÍAS

Aquí tienes mis manos, Señor,
imagen y semejanza de las tuyas,
instrumentos que Tú me diste
para alcanzar la vida eterna.

Unas manos vacías,
que cada mañana abro en oración
para que Tú puedas llenarlas
con el suave aroma de tu bendición.

Toma mis manos, Señor,
vacíalas de todo egoísmo
que vuelve estéril mi esfuerzo
de dar al mundo mi amor.

Toma mis manos, Señor,
vacíalas de toda soberbia
que deja a mi prójimo herido,
manchando mi entrega.

Toma mis manos, Señor,
vacíalas de toda autosuficiencia
que exalta mi vanidad,
despreciando a los demás.

Toma mis manos, Señor,
vacíalas de toda riqueza

que me impide ser pobre
para vivir tu bienaventuranza.

Toma mis manos, Señor,
vacíalas de todo apego mundano
que me hace olvidar mi hogar definitivo,
el que Tú me tienes ya preparado.

Toma mis manos, Señor,
vacíalas de todo el temor
que escondan sus palmas,
haciéndome ladrón por omisión.

Toma mis manos, Señor,
tatúa en sus palmas tu nombre
para que estés siempre conmigo
y me recuerdes tu infinito amor.

Toma mis manos, Señor,
ponlas entre las tuyas,
quiero sentir tus heridas,
y hacerlas también mías.

Toma mis manos, Señor,
sujétalas con tu ternura,
y libérame de toda amargura
con tu bondadoso Corazón.

Toma mis manos, Señor,
con ellas, vacías, yo quiero
tocar a las puertas del Cielo
y presentarlas, humilde,
a tu Padre diciendo:

Nada tengo y nada pido.
Reconoce a tu Hijo en mis manos;
vacías las tengo, siguiendo sus huellas,
y así las presento con grande contento.
Su nombre grabado, profundo,
un nombre por nada ni nadie cubierto;
vacías las tengo como recuerdo
de que mío ha sido tu Hijo,
y ahora lo será por siempre en el Cielo.

Mi alma a Jesús

Reflexiones del alma

¿POR QUÉ ME AMAS?

Qué sencillo es explicar las razones por las que te amo,
pero qué complejo es encontrar
las que te llevan a amarme.

No hay en mí nada
que se compare a tu grandeza;
entonces, me amas
simplemente por mi pobreza.

Mi corazón es frágil; mis obras, imperfectas.
Soy criatura que formaste de la tierra.
Me amas porque, amándome,
nuevamente me creas.

Me diste libertad, dejaste que eligiera.
A veces yo no atino, a veces mi pie yerra;
aun así, mi alma buscas con admirable insistencia.

Me abrazas, me consuelas,
me cuidas, me sustentas,
me tiendes la mano cuando estoy caído en tierra.

Me das amor eterno, te doy amor humano.
Y sé que te es más grato que el cielo y su belleza,
que el sol o las estrellas.

Me miras amándome,
me amas abrazándome,
me trasformas comulgándote:
te me unes Cuerpo en cuerpo y Sangre en sangre.

Te me das en alimento
y me envidian los ángeles.
Señor, con cuánto exceso
me entregas tus bondades.

Dios mío, ¿por qué me amas?
Y en lo profundo, responde
tu voz suave y calmada:
Te amo porque te amo.
Es misterio y más nada.

A LA LUZ DE LAS ESTRELLAS

Bajo su luz brillante y suave
gritaría al mundo que existes.

Bajo su titileo constante
caminaría firme hacia ti.

Bajo su silencio humilde
contaría bendiciones y amores.

Bajo su gloria majestuosa
dormiría sueños de cielo.

Bajo su mirada alegre
dibujaría historias en la arena.

Bajo sus lágrimas eternas
recordaría presencias y caricias.

Bajo su peso ligero
volaría mi corazón a tu encuentro.

Bajo éstas, tus estrellas, Dios mío,
testigos vivos de tu promesa,
avanzo cada día hacia mi destino,
envuelto en tu gran belleza,
que me cuida como a un niño
y me carga como a una oveja.

MI VIDA ES UN BARCO

Mi vida es un barco, Señor,
en el océano de tu amor.

Mi humanidad, una botella transparente
que, si bien me obliga a tocar
el mar de tu amor desde la fe,
me deja verlo y ansiarlo.

Tus pruebas, Señor, están llenas de esperanza:
cuando me dejas en la playa es porque te retiras,
como la marea, para volver con más fuerza.

¿Qué puedo temer si eres amor infinito?
Sí, un día esa botella desaparecerá y mi corazón,
como ese barco, navegará libre,
envuelto en tu amor infinito.

Sopla cada día tu Espíritu
para que sueñe aventuras de cielo,
mientras vivo en la tierra.

ME ENCONTRÉ CONTIGO

Queriendo amar, me sentí amado.
Deseando encontrarte comprendí
que eras Tú quien me buscaba.
Caminando en soledad descubrí
a mi lado tus pisadas.

En el silencio de mis noches
era tu divino aliento el que respiraba.
Aun dormido y entre sueños
era tu amor el que anhelaba.

Buscando mil respuestas
sólo la tuya esperaba.
Corriendo tras horarios
te hallé fuera del tiempo y los espacios.

Te busqué tanto y hasta hoy
comprendo por qué callabas:
silencio de amor que se oculta
para luego revelarse con ansias.

En el silencio, el amor se purifica y afianza.
Hoy, al fin, Señor, comprendo
que, desde antes de nacer,
Tú me esperabas y me amabas.

SI MI CORAZÓN...

Si mi corazón se alejara de ti,
si mi corazón se enfriara.
Si mi corazón te llegara a abandonar,
si mi corazón ya no te tocara.
Si mi corazón estuviera lleno de dolor,
si mi corazón se llenara de rencor.
Si mi corazón se encontrara oscurecido,
si mi corazón estuviera lleno de pecado.
Si mi corazón ya no supiera amar.

Entonces, Jesús,
si mi corazón se rompe, pégalo.
Si mi corazón se escapa, atrápalo.
Si mi corazón no es tuyo, ¡róbamelo!

SIN TI, SEÑOR, YO NO PUEDO

Combatir el buen combate de la fe.
Correr la carrera más importante de mi vida.
Alcanzar la meta final.
Sin ti, Señor, yo no puedo.

En el camino de la vida sigo,
como testigo de tu luz,
gritando esperanzas a un mundo sordo.
Sin ti, Señor, yo no puedo.

No me dejes en esta singular aventura,
aunque me crea fuerte
y alcance el éxito humano.
Sin ti, Señor, yo no puedo.

No sólo no puedo sin ti, Señor;
es más, no debo, no quiero, no sé.
Cansado estoy de confiar en mis fuerzas.
Sin ti, Señor, yo no puedo.

Te entrego hoy mi debilidad y mi cansancio,
compañeros de camino incómodos.
¿No serán tus aliados y tus mejores trofeos?
Sin ti, Señor, yo no puedo.

Abandonarse en tu Corazón y vivir allí escondido
es el mejor sendero.
Nada temo, nada quiero.
Sin ti, Señor, yo no puedo.

UNA MIRADA

Una mirada te da la vida:
la del Padre que está en los Cielos.

Una mirada te sostiene:
la del Hijo que te levanta con ternura.

Una mirada te conduce:
la del Espíritu que sopla vida cada día.

Tu mirada tiene que ser purificada
quitando la imperfección del egoísmo,
suavizando el fuego del deseo,
destruyendo el miedo del mañana.

Una mirada que honda se clava en lo íntimo.
Se esconde en el sueño del amado.
Despierta noches de esperanza.
Cuenta estrellas con la mano entrelazada.

Una mirada que escucha en el silencio
la música del enamorado,
la brisa del viento a su lado,
el tiempo del amor ya sellado.

Una mirada da vida.
Una mirada clava dardos.
Una mirada purifica miedos.

Una mirada canta sueños.
Una mirada habla libros.
Una mirada te mira y te dice: camina, amada mía.

AUN EN EL SILENCIO

Aun en el silencio
Tú me hablas, Señor.

Enséñame a entender
el callado lenguaje de tu amor,
que es de amaneceres y puestas de sol;
que es de manos amigas
y abrazos sinceros del corazón.

Ayúdame a descubrir tu mirada,
siempre llena de calor,
al contemplar un crucifijo
o cuando, en silencio,
me detengo en oración.

¡Cuánto me cuestan tus silencios!
Mas nunca son vacíos de comunicación:
son la forma que por el momento eliges
para demostrarme tu amor.

Que no necesite de palabras
para saberme amado, Señor,
pues los que de verdad se aman
prescinden del tiempo
y de palabras... mi Dios.

MI ALMA TIENE SED DE TI

En cada amanecer descubro tu llamada
a vivir en ti, Señor, como mi única morada,
mas qué difícil es dejar las redes en la playa,
decir: "quiero seguirte" y ser fiel a tu mirada.

Pesa la cruz de mi humanidad cansada:
el hombre viejo que busca su tajada;
el deseo de una felicidad no realizada;
el cansancio de vivir así cada jornada.

"¡Mi alma tiene sed de ti, Señor!",
grito cada mañana.
Quiero que el eco de este llanto sea una lanzada
en tu Corazón, crucificado por mí,
y que así recuerdes
que mi alma enamorada es
a cada instante traspasada.

Muero por ti, mi Dios; vivo en ti, crucificado.
Mi alma sedienta de agua viva, más purificada.
Mi vida nueva en tu amor, así lavada,
para descansar junto a tu pecho en la madrugada.

UN ENCUENTRO CARA A CARA

El encuentro contigo es cara a cara.
Los dos solos en la playa de mi alma.
Tú me miras, Señor, en lo profundo,
me transformas con la fuerza de tu gracia,
me invitas a seguirte en este tiempo.
Tu mensaje no ha pasado: es siempre nuevo.

El encuentro contigo es cara a cara.
Tus palabras buscan eco en mi respuesta.
Otras vidas, hace más de dos milenios,
dejaron en la arena sus recuerdos
y partieron contigo a otras playas,
a conquistarlas con el amor de tus pisadas.

Hoy, Señor, quiero seguirte en el desierto
de un mundo al que tu verdad le talla dentro.
Hoy te sigo porque sé que es posible
embriagar con otro vino a hombres tristes:
tu vino que sabe a eternidad y Cielo;
tu Sangre que nos da esperanza y nuevo vuelo.

Llévame de tu mano, buen Maestro.
Enséñame a pisar sobre tus huellas.
Que todo el que me vea, encuentre un reflejo
de tu vida, de tu amor y de tu consuelo.
Y recuérdame siempre que, en el silencio,
el encuentro contigo es cara a cara.

PEREGRINO VOY POR ESTE MUNDO

Dejé mi tierra hace tiempo; voy buscando una meta,
lugar de mi sentido y mi descanso.
Como peregrino, pasos doy confiando en el camino,
mas sé que el camino es la huella del que me llama.

Me canso, sí, de tanto andar y no encontrar sentido.
Muchas veces pienso en regresar a mi lugar de origen.
Vivir sin salir de sí es más fácil, y menos peligroso
sentirse seguro en el yo enorgullecido.

Necesito un signo que venza mis dudas,
una señal que me haga volar sin preguntar,
que marque mi camino para no dar marcha atrás:
compartir contigo un poco de pan y una amistad.

Sal de tu Cielo, si es que vives allá, a lo lejos.
Mi soledad me pesa y me enloquece cada día.
Adelante quiero ir, pero ya no sé ser peregrino.
Busco al que me llama y me deja siempre herido.

Tengo sed de ti y de tu destino.
Háblame Tú, que me llamas peregrino,
pon tu tienda divina junto a la mía.
Necesito un hermano para contar estrellas
y soportar el peso del camino.

¿ME AYUDAS A ABRIR ESTRELLAS?

El cielo estrellado; de ruidos, callado.
Techo abierto, con miles de luces decorado.
Recuerdo de quienes volaron de esta tierra
y con su alma penetraron el cielo oscuro
dejando una huella en lo alto como certeza.

El límite del cielo no es el fin.
Quienes vieron y vivieron más allá
saben que, detrás de tan alta bóveda,
hay un nuevo mundo, más verdadero,
aquel en el que yo vivir por siempre quiero
para acompañar a los que me precedieron:
los seres que me enseñaron y me amaron;
todos aquellos que mi vida tocaron.

Por eso quiero que mi corazón se convierta
en afilada lanza que penetre toda dureza,
en caricia tierna que consuele en el dolor,
en abrazo incondicional que a todos sostenga.

Así, el día de mi partida dejaré una profunda huella,
no tanto en esta bendita tierra,
sino en el alto techo, penetrando esa fría oscuridad,
mostrando lo que hay detrás del cielo terreno.

¿Me ayudas a abrir estrellas en nuestro cielo?

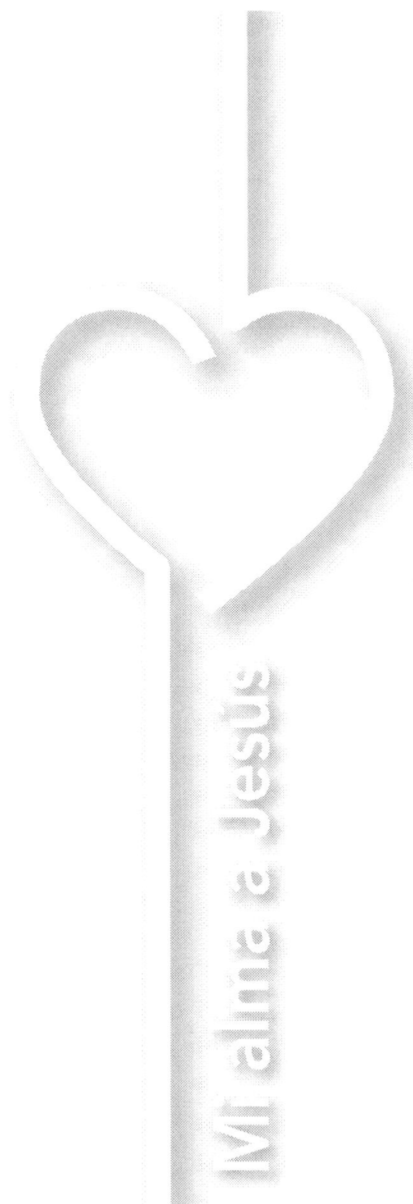

Certezas del alma

ORACIÓN DE ABANDONO

Aquí vengo, Jesús, sin fuerzas.
No sé ni por dónde comenzar.
Las palabras no alcanzan a describir
lo hondo de mi tristeza y pesar.

Aquí sigo, ciego de tanto mirar, sin ver,
luces falsas, promesas de papel;
vacío, queriendo recibir, y solo,
sí, muy solo, tras de lo alto caer.

Aquí estoy, ya sin nada,
a la llegada del mismo atardecer,
ése que me tentaba con sonidos de placer,
y que ahora, en tu casa, se viste de silencio.

Aquí tengo tus huellas en mi ayer,
intenso recuerdo de tu llegada
a mi vida joven, de ilusiones conquistadas;
horizonte abierto sin límites de nada.

Aquí, sí, aquí y ahora, si no te importa,
quiero abandonarme a ti,
abrir mi futuro como ventana
y que, dentro, la brisa de tu Espíritu corra.

Deseo abandonarme a ti, Jesús,
dejando la cizaña de mi pasado

en el campo que Tú siembras,
pues tu tiempo puede más que mi pecado.

Necesito abandonarme a ti, Jesús,
desenterrar mis pobres talentos,
invitarlos al barco de tu amor
y navegar en el mar, muy adentro.

Pido abandonarme a ti
porque mi vida es un reloj
y, en tu abrazo, el tiempo es eternidad
que me libra de mi inseguridad.

Abandonarme a ti implica
dejarme crucificar por tu Amor,
que es el Amor del Padre;
encomendar en sus manos mi espíritu
y gritar con fuerte voz: "Todo está cumplido".

Abandonarme a ti significa
caminar fuera de mí
para caminar dentro de tu Corazón,
y allí, muy dentro, darte la libertad
de que camines Tú mi alma.

Abandonarme a ti es
dejarme llevar por tu Espíritu,
ser cargado por ese Otro, que eres Tú,
recostarme en tu pecho,

contar estrellas pensando en el Cielo,
donde el Padre nos espera
para siempre y por siempre, con anhelo.

A MI LADO

Creo, Señor, que eres mi compañía.
Espero en tu amor que no vacila.
Amo tu presencia noche y día.

Sentimientos y emociones no siempre acompañan.
Cruz y Evangelio son mi vida.
Tu Corazón latiendo nunca engaña
a esta alma, siempre que respira.

Respiro porque espero y espero mientras respiro.
Pasos grandes quiero dar en mi largo caminar.
Seguro voy en mi inseguridad
sabiendo que tu voz es fiel a mi destino.

No te mueves, fijo estás,
aunque finges que te vas.
Con tu ausencia arrancas
de mí toda inseguridad.

Libre soy y libre caigo sin cesar
dando tumbos sin dejar de tropezar;
sin embargo, a mi lado sé que estás
con tu tierna mano siempre pronta a levantar.

ME DIJERON

Una tarde de soledad y cansancio.
Una cruz que se abandona.
Un silencio que regresa.
Un adiós de alguien muy amado.

Me dijeron que estás vivo.
Me dijeron que a mi lado siempre estás.
Me dijeron que la paz es tu promesa.
Me dijeron que en brazos me llevas.

No sé si creer este mensaje,
por tantas decepciones como heridas.
Muchos vienen y se van
dejando ideas y promesas.

Me dijeron que los sordos oyen.
Me dijeron que los paralíticos se mueven.
Me dijeron que alimentaste a miles.
Me dijeron que el agua ahora es vino.

Escucha, Jesús, mi palabra y devuélveme el oído.
Toca mi corazón y deja que se mueva hacia ti.
Dame tu pan de vida y fortalece mi esperanza.
Déjame beber el vino nuevo de tu amor.

Me dijeron, pero ahora digo porque sé.
Me dijeron, mas ahora te escucho y te puedo ver.

Me dijeron, pero hoy quiero gritarte:
¡Gracias, Señor! Por llamarme por mi nombre.

CÁNTICO EN LA OSCURIDAD

Es cierto
que esta noche es más oscura
que las otras noches bajo otras lunas,
que el silencio emerge,
que la piedra talla,
que mueren lento algunas chispas de esperanza.

Es cierto
que el dolor agita el alma y sus angustias,
que ya no hay palabras,
que la voz se calla,
que todo se hace nada,
que en la nada hay un misterio,
que el misterio envuelve la frágil vida humana.

Es cierto
que el agua corre desnuda a modo de pregunta
convertida en lágrima,
que la respuesta huye,
que la búsqueda no acaba,
que en la inmensidad el porqué aguarda,
que en el sinsentido hay una razón
vital, espléndida, cálida.

Es cierto
que en lo profundo tu presencia no abandona,
que la piedra, la noche y la nada se transforman

en seguridad y confianza,
que el final es comienzo,
que en la soledad acampas,
que en la oscuridad haces resurgir
un amanecer de paz y gracia.

TÚ ME CONOCES

Tú me conoces, Señor.
Navega mi alma,
despliega las velas de tu amor
pintando horizontes de esperanza.

Tú me conoces, Señor.
Desde la eternidad me pensaste con ternura.
Antes de respirar me amaste.
Soñaste vivir junto a mí una aventura.

Tú me conoces, Señor.
Al levantarme y al acostarme.
Cuando estoy alegre o triste.
En mi santidad y en mi pecado.

Tus manos me modelaron.
Tus manos me acariciaron.
Tus manos me salvaron.
Tú me conoces, Señor.

TERRENO SAGRADO

Mi historia tiene muchos capítulos
y sé que no todos los he caminado de tu mano,
pero, si tengo una certeza, Señor,
es que Tú sí la has caminado a mi lado.

Ante ti no puedo dejar de reconocer
que tu Corazón siempre ha ardido
en cada paso de mi duro camino,
cual luminosa señal de tu poder.

Me pides descalzarme ante tu presencia
y vivir esta experiencia
con un profundo sentido de lo sagrado,
por el amor con que me has amado.

Te pido luz y fuerza
para reconocer en mi vida entera
el don de tu presencia.

Para, así, descalzarme
ante todo recuerdo,
ante toda experiencia,
ante todo sentimiento.

Quiero sentir en lo más hondo
el paso de tu suave Espíritu,
aquel que me consoló,

aquel que me acompañó,
aquel que me hirió,
aquel que me curó.

Para por fin comprender,
desde el fuego ardiente de la fe,
que cada capítulo de mi ayer
ha sido un nuevo amanecer,
regalo tuyo, sin yo poderlo merecer.

Descálzate, alma mía,
camina, avanza y confía,
Dios está ante ti y te mira
con el fuego eterno que ilumina.

MI CIELO, TU CIELO… MI FIN

Con pies descalzos camino
buscando la eternidad en ti.
Y en ese peregrinar callado
me encontré aprendiendo
a buscar respuestas junto a ti.

Aprendí a refugiarme en las esperanzas de cielo,
a contemplar las estrellas sin fin,
con esos sueños que me han robado sonrisas,
de amar y ser amado para poder ser feliz.

Aprendí a escuchar a la noche en el silencio
y a entonar melodías de anhelos por cumplir,
buscando en mi ángel custodio la dulce compañía
del amor que siempre estuvo allí.

Aprendí, Señor, que el cielo es mi meta;
y cada estrella, mi sueño por llegar a ti;
que, aunque la soledad cada noche
golpee a mi puerta,
yo cierro los ojos y me imagino
tu Cielo, mi cielo, mi fin.

Mi alma a Jesús

Propósitos del alma

TE ENTREGO

Te entrego mi corazón acampado por tu silencio,
mi silencio enamorado de tus palabras,
mi mente, mis pensamientos, mi razón.

Te entrego mis búsquedas y todos mis sueños,
mis cansancios y también todos mis miedos.
Te entrego mi gozo y lo que me causa aflicción.

Te entrego el suspiro de mi amor sincero,
mi oración en medio del honesto esfuerzo,
lo que tengo, lo que tuve y lo que hoy soy.

Te entrego mis preocupaciones y también mis
retos,
mis logros y lo que aún es proyecto,
lo que viene de cara a un nuevo sol.

Te entrego mi deseo de verme transformado,
unido y eternamente abrasado
por el fuego de tu dulce amor.

Te entrego en breves palabras todo lo que soy.

BUSCARÉ TU ROSTRO

En mi soledad, aunque duela, buscaré.
En mi alegría, para que sea verdadera, buscaré.

En mi juventud, para que sea pura, buscaré.
En mi madurez, para que sea plena, buscaré.
En mi vejez, para que sea compañera, buscaré.

En mi hermano, para que sea mío, buscaré.
En mí mismo, para que sea tuyo, buscaré.

En el miedo, para que sea fuerte, buscaré.
En mis heridas, para que sean limpias, buscaré.
En mi enfermedad, para que sea enseñanza,
buscaré.

En mi oración, para que sea profunda, buscaré.

Sí, buscaré, Señor, cada día
tu sonrisa, para que sea mi alegría;
tus ojos, para que sean mi mirada;
tus oídos, para que sean mi canción;
tu boca, para que sea mi palabra;
tu rostro, en fin, para que sea
mi luz y mi salvación.

QUE NO SE APAGUE ESTE FUEGO

Encenderé esta noche una fogata de amor
en mi alma
y dejaré un espacio sólo para los dos, Señor.
Me sentaré en silencio junto a ti, en mi interior
dejaré que la luz de tu llama me ilumine
y me muestre lo que quieres transformar en mí.

Te contaré mis cosas,
pero, sobre todo, escucharé las tuyas.
Dejaré que tu Palabra resuene en mis entrañas,
que tu ternura afine las cuerdas de mi alma
para entonarte una canción de alabanza.

Aquí estoy, Señor,
en medio de la noche, al calor de tu llama,
sintiendo que tu fuego resquebraja mi barro,
y con suave caricia, me reconstruye tu gracia.

Señor, nunca dejes que se apague este fuego.
Señor, llevémoslo a las almas:
¡hagamos arder el mundo
en un incendio de amor!
Señor, haz fuerte mi llama.

CONTENTO, SEÑOR, CONTENTO

"Contento, Señor, contento",
ése es mi camino.
Aun en pruebas y dificultades,
enséñame a responder siempre:
"contento, Señor, contento".

Sombras, debilidades y pequeñas tristezas
quieren silenciar mis labios,
pero tu Espíritu me anima a decir siempre:
"contento, Señor, contento".

Aun cuando todo parece derrumbarse
y los miedos atentan contra mi paz interior;
cuando la soledad se sienta a mi lado
y sólo tengo la certeza de tu Presencia,
inspírame con dulzura a decir con el alma:
"contento, Señor, contento".

Y no es que quiera ocultar mis cansancios
o disfrazar lo agotador que fue mi día,
pero es que, Señor amado,
contigo sólo puedo decir:
"contento, Señor, contento".

Pregúntame cada noche, antes que duerma el día,
y escucharás de mis labios esta
verdad que me anima:
"contento, Señor, contento".
Tú eres mi Paz, consuelo y alegría.

TÚ SERÁS MI DIOS

Salí a sembrar esperanzas
al alba de la mañana,
buscando el sentido
de cada paso de mi alma.

Qué fácil es sentirse huérfano,
perder el camino,
escuchar mil sirenas,
fabricarse ídolos inertes.

Pero Tú sales a mi encuentro
como respuesta a mis preguntas,
como seguridad ante mis miedos,
como defensor ante mis enemigos.

Tú serás mi Dios.
Tú serás mi amigo.
Tú serás mi fortaleza.
Tú serás mi escudo.
Tú serás mi camino.
Tú serás mi verdad.
Tú serás mi vida.

Gracias por dejarte poseer
por esta pobre criatura
que, sin mérito alguno,
te abraza bien segura.

DEJARTE SER

No es buscarte,
sino estar contigo.

No es correr tras de ti,
sino dejarme encontrar.

No es vivir soñando,
sino soñar de tu mano.

No es buscar mil palabras,
sino dejarte hablar al corazón.

No es ser reconocido y amado,
sino ser sencillo y escondido.

No es hacer mucho,
sino hacer todo con amor.

No es sufrir por lo perdido,
sino esperar lo que necesito.

No es contemplarte lejos,
sino hallarte en el sagrario de mi alma.

No es llorar por errores cometidos,
sino dejarme abrazar por tu Misericordia.

No es rendirse ante las pruebas,
sino confiar en tu ayuda y fortaleza.

No es desesperarse por las debilidades,
sino confiar en tu gracia, que nunca falla.

No es quejarme por todo,
sino alzar mi voz en agradecimiento y alabanza.

No es creerme grande
y sin necesidad de tus cuidados,
sino hacerme niño y depender de tu amor.

No es cubrir mi rostro con lágrimas,
sino dejarme abrazar por tus consuelos.

No es sólo pedirte milagros,
sino vivir siendo tu milagro de amor.

No es pedir ser amado,
sino dejarme amar.

No es sólo soñarte,
sino dejarme soñar.

No es sentirme perdido,
sino sentirme peregrino.

No es decir: "no sé rezar",
sino cerrar los ojos y dejarte hablar.

No es, en fin, querer ser...,
sino "dejarte ser" en mi vida
mi Amado, mi Amigo,
mi Dios y mi Eternidad.

ABANDONARME A TI

Quiero ser libre, pues me pesa mi humanidad;
subir montañas y ver todo a lo lejos;
cruzar los campos con prisa;
caminar sobre las aguas, fijos en ti los ojos.

Dejar todo y dejar a todos;
entregártelos y recibirlos de ti, nuevamente;
purificar mi corazón hastiado de tanta carga;
ser ligero para seguir tu ritmo.

Ser peregrino de todos los caminos,
sin dejar de caminar los que me dan miedo
ni tampoco aquellos que me hirieron,
porque eres Tú quien me guía por el sendero.

Soltar amarras y cadenas,
todo lo que me limita y me daña;
surcar mares vestido con el viento;
ver atardeceres en silencioso asombro.

Todo novedad y todo seguridad,
abandonado en tu fuerte Corazón,
sin un plan ni un deseo, sino estar,
porque estando se es más tuyo.

Y estando junto a ti, ¿qué más puedo pedir?
He dejado todo ya, ¿qué más puedo ganar?

Si Tú estás conmigo,
nada me puede inquietar.

Madurez tardía, bendita su llegada;
tantas cruces impuestas sin razón.
Ahora ya camino con la mía,
que soy yo y que eres Tú, mi buen Jesús.

SÓLO POR HOY

Sólo por hoy, Señor,
abriré mis ojos con esperanza,
despertaré mi corazón en alabanza,
proclamaré tu bondad cada día,
cantaré tu infinita misericordia.

Sólo por hoy, Señor,
confiaré en tus caminos,
los tuyos, que serán los míos;
avanzaré por el sendero estrecho
y de tu mano sacaré provecho.

Sólo por hoy, Señor,
encenderé la luz y frotaré mis ojos
con la seguridad de tu amor incondicional;
me lavaré con silencio, por fuera y por dentro,
disfrutando la paz de nuestro encuentro.

Sólo por hoy, Señor,
tendré la fe sencilla de un niño
y, sin miedos ni complejos,
sorprenderé a la vida con mi sonrisa,
viajándola con asombro y sin prisa.

Sólo por hoy, Señor,
vestiré mi cuerpo de inseguridades
paseándome como sabio peregrino;

dejaré en mi armario esas vanidades
que me distraen y me esconden mi destino.

Sólo por hoy, Señor,
desayunaré con mis sentimientos
para que me hablen de su riqueza;
salpicaré mi vida de colores
y llenaré de alegría toda pobreza.

Sólo por hoy, Señor,
espantaré los miedos que me paralizan,
sin temer al fantasma del pasado;
caminaré sobre las aguas de mi historia
porque mis ojos se sostendrán en los tuyos.

Sólo por hoy, Señor,
te mostraré mis heridas con confianza
para que tú las cures con cariño
tocando mi miseria humana
con esa ternura tuya que sana.

Sólo por hoy, Señor,
me abrazaré, me querré, me respetaré
porque me encontraré, por fin,
en ese Corazón tuyo, que es el mío:
puerto seguro en mi camino.

A mi Madre María

SOY NIÑO TUYO

Hoy la tierra canta tu belleza.
¡Bienvenida, esclava del Amor!
De ti una flor nació y, con su olor,
recuerdos nos trae de tu realeza.

Tu "Sí" rompe cada silencio
en los corazones tristes
de nosotros, los hombres
peregrinos hacia el cielo.

Alégrate, María, para ser alegría
de mi corazón hasta el final.
Necesito de tu caricia maternal
para vivir fielmente cada día.

Acoge mis deseos frágiles,
preséntalos al Rey de reyes.
Soy niño tuyo para que reces
conmigo y mis manos débiles.

Todo lo mío es tuyo, Madre amada.
Dame tu amor y seguridad
para alcanzar un día la felicidad
de ser digno de la eterna morada.

EN TU CORAZÓN

En tu corazón de Madre
duermo mis sueños y entrego mis dolores;
encuentro consuelo, compasión y cariño;
descubro mis anhelos, miedos y fracasos.

Sí, Madre, acepto vivir, como tú,
en el Corazón del Padre, mi condición de criatura;
en el Corazón del Hijo, mi frágil humanidad;
en el fuego del Espíritu, mi deseo
de vivir para el Amor.

En tu corazón silencioso me descubro.
En tu corazón casto me purifico.
En tu corazón maternal me alimento.
En tu corazón sencillo me hago niño.

Te pido un abrazo, una caricia, una palabra;
ayúdame a caminar hacia tu Hijo, mi hermano.
Descúbreme los secretos de tu alma enamorada,
porque, cuando se ama, el corazón se clava,
se fija y se entrega para estar con el amado,
mirándolo en silencio y escuchando sus miradas.

REINA DE MI CORAZÓN

Enciende con tu mismo ardor
el fuego del amor a Dios en mi interior.

Que lo ame como tú,
dándole el lugar de honor
como mi único Señor.

Enséñame la escucha atenta,
la humildad sincera,
tu caridad de alma dispuesta.

Despójame de toda vanidad
y de tanta superficialidad
que sutilmente me acechan.

Sé tú mi fuerza, mi esperanza cierta,
la estrella que ilumine
cuando la oscuridad me envuelva.

Se tú la brújula que, sin fallar,
me lleve a los brazos del Padre,
promesa de felicidad eterna.

Reina de mi corazón, Virgen María,
haz que yo sea, como tú,
Reino de Dios en la tierra.

UN SÍ ETERNO

Madre mía,
en este día de tu Anunciación
quiero ser un espejo de tu amor.

Acoger la Palabra con fe y docilidad,
con apertura y confianza,
con alegría y sumisión.

Dar mi sí a Dios cada día.
Dejar que Él se encarne en mi corazón.
Ser testigo de la Palabra, con humilde aceptación.

Vivir de fe y vivir en la fe.
Alegrarme en la esperanza.
Sostener mi sí en el amor.

Niña dócil, esclava dulce de mi Señor,
acoge mi pobre corazón en la prueba y el dolor
para que lo acepte todo, porque
el Todo es mi amor.

Un sí eterno quiero dar hoy a mi Señor
y que sea un eco del tuyo
para así poder unirme a tu canción.

¡Gracias, Madre, gracias Virgen,
gracias dulce niña de mi amor!

NO TE CANSES, MADRE

Una madre como tú no se cansa
de esperar al que se aleja,
de abrazar al que llora,
de acariciar al que está herido,
de consolar al que es débil,
de sonreír al que está triste,
de fortalecer al que es tentado.

No te canses, Madre mía, no te canses,
que en mí hay un niño que te necesita.

No te canses, Madre santa,
que en mí hay un peregrino que sigue tus pasos.

No te canses, Madre pura,
que en mí hay un corazón inquieto por amar.

No te canses, Madre fiel,
que en mí hay un discípulo que quiere aprender.

Una petición, una sola: no te canses.

María, vela mis pasos con paciencia
entre tantas espinas que encuentro en mi camino.
Si te miro, brotan con tus lágrimas de madre
rosas bellas que adornan tu corazón.

Gracias, Madre, por enseñarme que el dolor
con amor
es perfume que se eleva a Dios.

MADRE DOLOROSA

Tu Calvario fue largo
desde aquel anuncio de Simeón;
tu corazón sentía la misión
de la Vida de tu vida.

En lo alto del Calvario
se celebraban las Bienaventuranzas:
la de tu vida llena de fidelidad,
la de tu fidelidad llena de lágrimas.

Estuviste en pie junto a la cruz,
silenciosa, paciente y adolorida,
consuelo para el Hijo ya clavado,
sostén para su Corazón tan humano.

Estabas, Virgen Dolorosa, junto al Hijo,
cuando tu mirada se elevó a lo alto
entre el cielo ennegrecido de aquella tarde
y el rojo que cubría el rostro del Ungido.

Aquel que colocaste en el pesebre,
aquel que nació desnudo en medio de la noche,
agonizaba ante tus ojos maternos
cumpliendo con fidelidad la profecía.

Aquel que creció, rio, lloró y te abrazó,
aquel que se perdió y fue encontrado,

se pierde a sí mismo por nosotros;
contigo como testigo, se hace don para tus hijos.

Discípula predilecta y aventajada
Hija del Padre, Madre del Señor,
sus dolores son también los tuyos,
tómalos y acógelos como don de salvación.

TU MIRADA ES DE CIELO

Dedicado a Nuestra Señora de Guadalupe

Tu mirada es de Cielo,
y tus palabras, de infinita dulzura;
me llamas, como a Juan Diego,
aseguras tenerme bajo tu sombra
y en el regazo de tu ternura.

¿Acaso bajo tu mirada erraré el camino?
¿Acaso si te busco entre lágrimas
me negarás tu maternal consuelo?
¿Quién podría equivocar su destino,
si a tu maternal cuidado se encomienda?
¿Qué tienen tus ojos, Madre,
que al mirarlos me enamoran?
¿Qué tiene, acaso, hasta tu silencio,
que me enseña la oblación perfecta?

No encuentro respuestas precisas,
mas siempre permanece la certeza:
que tú eres la preciosa prenda de mi vida,
donde todo consuelo es posible
y toda esperanza se renueva.

Mi Virgen Morenita, lucero de América,
Madre del verdadero Dios, por quien se vive

hoy y siempre, te consagro mi existencia:
lo que fui, soy y seré queda por siempre
bajo el mismo Cielo de tu mirada.

ESCÓNDEME EN TU CORAZÓN

Vengo a tu corazón de madre
a pedirte protección.
Quiero ver desde tu mirada
y amar desde tu Inmaculado Corazón.

Acógeme como a un niño necesitado.
Tú conoces lo que hay en mí.
Con tu dulzura sana mis heridas
y con tu ternura llévame a Jesús.

Mirarte quiero para aprender el Cielo,
ese que bajó a ti por el Espíritu de Amor,
muéstramelo cada día para que recuerde
mi destino y mi vocación.

Enséñame el ritmo del amor sin fin,
la esperanza que todo lo abarca
y la fe que mueve a tu ser
a caminar con presura y sin miedos.

Y aunque yo de ti me olvidare,
Madre mía, Madre mía,
recuerda como un eco esto que te digo hoy:
soy tuyo para siempre,
llévame en tu Inmaculado Corazón.

de inspiración
evangélica

ESOS OJOS TUYOS

Mt 4, 18-22

En una mañana radiante,
en el silencio que despierta a la Creación,
en medio de la desesperación de tantos corazones,
estos ojos míos quieren verte.

Mi memoria acaricia el recuerdo de tu llamado;
de tus pies paseando por la playa, dejando huellas profundas;
de tu voz, que llegó inesperada para invitarme a seguirte;
de tu mirada, que fue un reflejo de cielo.
Esos ojos tuyos quiero yo ahora ver.

¿Dónde estás, oh Crucificado?
Me anunciaste tu Pasión y me sentí estremecer;
me hablabas de una muerte cruel
y no te quise creer.
Algo decías de resucitar, pero mi dolor
no te quiso escuchar.
Esos ojos tuyos ahora quiero recordar.

Esos ojos tuyos, puertas de la eternidad.
Esos ojos tuyos que decían gran verdad.
Esos ojos tuyos, caminos de amistad.
Esos ojos tuyos que destellan pura bondad.

¡Esos ojos tuyos, hoy los vi resucitar!
Volverme a mirar.
Volverme a amar.
Volverme a guiar.

Gracias, Señor, por esos ojos tuyos que son memoria del Cielo,
camino de vida eterna,
sello de fidelidad.

SEÑOR, YO NO SOY DIGNO

Mt 8, 8

Mi alma a Jesús:

No soy digno de que entres en mi casa,
ni de que te acerques a mi corazón.
Soy un pobre pecador a quien le ciega la razón,
tan necesitado de tu amor que todo abrasa.

No soy digno de tu mirada limpia y pura.
No soy digno de tu caricia llena de dulzura.
No soy digno de tu Palabra hecha ternura.
No soy digno de volar hasta tu divina altura.

Pero tan sólo, Señor...

Déjame levantar la vista y contemplarte;
tomar las migajas de tu mesa, sin Tú enterarte;
seguirte en silencio, sin querer ya dejarte,
y aprender a amarte en todo instante.

Jesús a mi alma:

Digno fuiste y lo perdiste.
Digno eres por mi encarnación.
Digno eres por toda mi Pasión.
Digno eres, ya no estés triste.

ESTA OVEJA PERDIDA

Mt 18, 12-14

Mi alma a Jesús:

Mi camino no conozco: perdido estoy.
Vivo en oscuridad buscando una luz.
Cualquier ruido temo y tu voz ansío escuchar.
Ahora te valoro y te quiero mucho más.

Deja ya, Jesús, esas noventa y nueve ovejas justas:
ven a mí, recógeme, levántame y abrázame.
Necesito de tu calor y comprensión,
pues pequé, Señor, pequé.

¿Serás capaz de acogerme como antes?
Quiero ser una más de tus ovejas.
Vivir en paz, recostada en el prado de tu amor,
segura en tu rebaño. Sólo quiero estar contigo.

Me perdí en el mundo y me olvidé de ti
dejándome llevar por mi ansiedad.
Pensé que había otra felicidad más allá
de Aquel que nos cuida con tanta caridad.

Jesús a mi alma:

Aquí estoy, con la puerta de mi
corazón abierta siempre.

Te busco ya, no esperes más.
Sé dónde estás, pues con mi amor te perseguí.
No temas más: a tu lado estoy.

Mi Misericordia te abrazará y no te soltará.
Mi voz suave reconocerás.
Al fin y para siempre, mía serás.
En mis hombros, segura regresarás.

SI QUIERES, PUEDES, SEÑOR

Mc 1,40-45

"Si quieres, puedes, Señor",
es el grito de amor desesperado
de las heridas, siempre abiertas, de mi alma.

Si quieres, puedes, mi Señor,
renovar la alegría y la esperanza que perdí
sepultando mis sueños y anhelos, hace años.

"Si quieres, puedes, Señor",
es mi grito silencioso, que casi nadie reconoce,
pero llena mis ojos de lágrimas cada noche.

Si quieres, puedes, mi Señor,
limpiarme de las quejas que surgen cada día
y bloquean mis labios a la alabanza.

Si quieres, puedes, Señor,
sanarme de aquellas decepciones y vacíos
que, a la espera del Amor, me han herido.

Extiende tu mano, siempre misericordiosa,
y ahoga en el océano de tu amor mis penas;
aumenta mi fe y rescátame con tu abrazo.

Si quieres, puedes, Señor,
sanarme, limpiarme y hacerme creer.

EL PERFUME DE MI CORAZÓN

Mc 14, 3-9

Todo lo que soy y tengo.
Todo lo que quiero y anhelo.
Todo lo que ahorré.
Todo lo que aprendí y amé.

Todo, Señor, todo te lo doy.
Es el perfume de mi corazón;
en esta noche te lo entrego
con alegría, antes de tu Pasión.

Lo hago sin medida.
Lo hago ya sin miedo.
Lo hago con humildad.
Lo hago con cariño.

En él se representa mi interior,
mi camino y mi cansancio,
mis luchas y mis caídas,
mis amarguras y mi sudor.

Es un perfume único,
pues sólo yo te lo puedo dar:
es mi vida, mi historia y mi canción,
el diario escrito de mi caminar.

Con mi mirada en la tuya,
con el silencio de palabras,
quiebro el frasco,
entrego todo,
libero mi perfume
para llenarte con su suave aroma:
regalo mío para tu Pasión.

EN ESTA NOCHE SANTA

Mc 14, 32-52

Mi alma a Jesús:

La noche se abre con Judas y su huida.
Tu Corazón comienza a sangrar
por la oveja perdida.
Pedro se resquebraja como una débil vasija.
Los discípulos duermen, tras Tú darte en comida.

La Creación fue testigo de esta noche,
la más limpia.
La luna y las estrellas brillaban como lágrimas.
Tú, Hijo de Dios, sumergido en oración, de rodillas.
Tus gritos y súplicas abrían la noche en vigilia.

Clamas al Padre tuyo pidiendo compasión.
Buscas consuelo para fortalecerte en tu decisión.
Das la vida por nosotros para, así, ser salvación
de un mundo sordo y sucio
destinado a la corrupción.

Mi nombre y mi historia muy dentro
de tu Corazón.
Mis pecados y mi vida están a tu disposición.
Sigue adelante, Jesús mío, sálvame
de la condenación.
Yo no puedo darme vida, ni alcanzar la redención.

Jesús a mi alma:

Miedo y angustias acompañan mi gran
desolación:
es el precio que hoy pago por tu salvación.
Soy tomado y partido hasta lo alto de mi íntima
Pasión,
para darte nueva vida, un destino
y una gran misión.

Mi alma a Jesús:

Gracias, mi Hermano, mi Maestro y mi Pastor,
en silencio camino en ésta,
tu larga transfiguración.
Blanco eres, luz hermosa, más que la imaginación;
ahora, sangre sudas y cubre tu rostro
hasta la confusión.

En esta noche santa déjame soñar despierto
en consolación,
escuchar tu amor clamar por mi alma y
su salvación,
que este grito sea un eco que se grabe en
mi corazón
para ya nunca abandonarte y
seguirte hasta tu Pasión.

RESUCITA MI VIDA
Mc 16

Los recuerdos llenan mi mente
del ruido y los traidores gritos,
de los ríos de sangre que descienden
por la cruz y por tu Cuerpo herido.

El silencio cansado de tus palabras;
la oscuridad que cubrió el cielo;
el viento suave que se hizo fuerte;
el templo débil que rasgó su velo.

Aquí estoy, a tu puerta santa,
la del sepulcro oscuro y triste,
con un corazón que ya no aguanta
la soledad del día que partiste.

Resucita mi vida, la tuya y la mía;
si Tú resucitas, abrazaré la vida.
Ahora vivo muerto y sin aliento,
perdido y sin conocimiento.

Resucita Tú, Jesús: te necesito,
necesito la vida tuya, y también la mía.
Resucita ya, no tardes, viene el día,
el tercero, el de la alegría.

Resucita mis dudas,
las que lejos de ti me llevaron,
aquellas que no supe crucificar,
ni con confianza a ti entregar.

Crucifica mis temores, los mayores.
Crucifica mis rencores, los traidores.

Resucita mis amores, los cantores.
Resucita mis valores, los mejores.

Jesús a mi alma

Resucito, sí, esos temores y rencores:
son tuyos y son como ladrones
porque, una vez crucificados,
y doblando sus rodillas
a los pies de la cruz en silencio,
ahora sí podrán resucitar con tu vida
y ser amores y valores sin precio.

A TUS PIES, SEÑOR, ENCONTRÉ EL AMOR

Lc 7, 36-50

Dichosos los pies del Mensajero
que, con humilde amor, son regados
con lágrimas nacidas de pecados;
entrega que abraza el don verdadero.

Jesús a María Magdalena:

María, dime, Magdalena,
¿qué contemplas en tu corazón
de heridas abiertas?
Aquí estoy, tu Maestro, a la espera,
para darte la vida que deseas.

Si al Maestro, ya a las puertas
de tu corazón herido abiertas,
acoges en tu alma más perfecta.

María Magdalena a Jesús:

Misericordia quiero, mi Señor.
No tardes, que mis heridas duelen.
Fui perdida y ahora hallada en ti,
por quien siempre fui amada.

Jesús a María Magdalena:

Levanta, oh mujer, tu rostro y tu mirada.
Derrama tu perfume sobre ésta, mi cabeza.
Tuyo soy, por fin, para quedarme
en tu alma, que por mí es rescatada.

HIJO PRÓDIGO

Lc 15, 11-32

En la abundancia vivía, pero mi libertad elegí;
no pude esperar y exigí mi herencia
hasta preferirla a mi Padre, con suma impaciencia.
Creyendo así encontrar la felicidad,
una mañana partí.

Tierras lejanas atrajeron mi mirada.
Era rico y todo lo gastaba.
El corazón gozaba, alegre me prestaba
a toda fiesta y posada, hasta que
me quedé sin nada.

Pobre me volví y no encontraba la salida.
Me humillé, buscando así salvar mi vida.
Entre puercos, deseando su comida,
recordé mi casa, a mi Padre y su alegría.

Volviendo sobre mí, decidí regresar a esa morada
donde hay amor y cariño en toda la jornada.
Soñé estar junto a mi Padre y que me abrazaba,
sirviendo como jornalero, feliz me imaginaba.

Tú que me lees debes seguir esta aventura;
fíjate bien: es la mía y la tuya.
Deja ya el pecado, ¡no dejes te destruya!
Confiésate pronto y canta un aleluya.

MIRA QUE TE MIRA

Lc 23, 34

En la distancia corta y larga de un madero,
en el silencio de un condenado por pecados
ajenos,
en la amargura de ver a todos los suyos muy lejos,
en la soledad más grande, abandonado de todos…
Mira que te mira el humilde Redentor.

Sí, mira que te mira el Crucificado, con los ojos
apenas abiertos
busca tu mirada, tu consuelo y tu deseo.
No te escondas, sal al frente, deja ya tu
vida pasada,
levanta ésos, tus ojos indignos de encontrarse con
los suyos…
Mira que te mira, el divino Maestro.

Te perdona tiernamente, te disculpa ante su Padre;
te abre su Corazón y su Cielo en la figura del
Buen Ladrón;
te regala una dulce madre, quien te acoge
como posesión;
te pide de beber para que tú bebas de su costado…
Mira que te mira el eterno Salvador.

Acércate sin miedo, es por ti que muere
ya clavado;

escucha su voz suave y dulce que nada te echa
en cara;
acoge su Misericordia y su paraíso como oveja
ya encontrada;
contempla en silencio tanto amor y su Pasión…
Mira que te mira el Bienaventurado Pastor.

RENACER DE NUEVO

Jn 3, 1-8

Era de noche cuando Nicodemo
se hizo humilde y venció su miedo.
Te buscó saliendo de su tierra
para encontrarte en la tuya.

Tus signos y prodigios llegaron a sus oídos.
Ahora él quiere verte cara a cara.
Su deseo arde como una llama,
pues Tú has llenado su vacío.

Le invitas a renacer de lo alto
para poder ver el Reino de Dios.
Quiere hacerlo, pero no da el salto
y se queda en lo más humano.

Ver lo imposible, lo que no tiene sentido.
¿Cómo puede un viejo renovar su destino?
¿Cómo puede entrar de donde ya ha salido?
¿Cómo puede ser niño en su vestido?

Renacer del agua y del Espíritu,
éste es, Nicodemo, tu camino,
y cada día, es también el mío.
Por eso, ¡dame vida, Jesús! Te lo pido.

Vida que dé los frutos nuevos del Espíritu.
Vida que aprenda a escuchar su melodía.
Vida que aprenda a sentir su presencia.
Vida que aprenda a sanar con su Misericordia.

SI CONOCIERAS EL DON DE DIOS

Jn 4, 10

Si conocieras el don de Dios y quién te habla:

caminarías más rápido con tu corazón,
no tendrías miedo alguno o preocupación,
te esconderías muy dentro, en íntima oración;
escucharías el agua que te trae sanación.

Ya no tendrías sed de ti o de este mundo,
vivirías libre de la felicidad que dura un segundo,
cada pensamiento o deseo sería tan fecundo
que muy adentro de tu alma
vivirías en lo profundo.

Mi alma a Jesús:

Cansada estoy de tanto caminar y trabajar,
de ir por esta vida peregrina sin sentido;
quiero ser feliz, muy dentro; en cada latido
busco amor que dure y, sin peso ya, volar.

Jesús a mi alma:

Aquí estoy sentado y te espero.
No tengo ni oro, ni dinero,
sólo tengo un destino verdadero:
el que buscas cada día en tu deseo.

VEN A MÍ

Jn 10, 11

Ven a mí, esposa mía, amada,
creada para la eternidad.
No busques caminos nuevos:
Yo soy el Camino de tu vida.

Ven a mí, alma mía, amada.
Por ti me encarné en Belén.
No busques adorar a otro Dios:
Yo soy el Rey de reyes.

Ven a mí, niña mía, amada.
Por ti nací en pobreza.
No busques riqueza ni otras joyas:
Yo soy el que te puede enriquecer.

Ven a mí, oveja mía, amada.
Por ti recibí a los pastores.
No busques que otro te guíe:
Yo soy el Buen Pastor que en hombros te lleva.

RECOSTADO EN TU COSTADO

Jn 13, 25

Al final de la vida
se nos examinará en el amor.
Al final de tu vida
nos regalaste la lección de tu amor.

En tu Corazón no cabía más ternura,
y en la noche santa de tu cena más íntima,
sabiendo que la traición la hacía más oscura,
brilló la luz ardiente de tu alma limpia.

Con palabras suaves y gestos sorprendentes
revelaste el amor del Padre por los hombres.
Sólo el Hijo puede dar lo que ha recibido
de Aquel que es Amor, ama y es amado.

Sólo Juan alcanzó a vislumbrar ese tierno Corazón,
descansando su cabeza en tu pecho frágil.
Recostado en tu costado escuchó los latidos
del Maestro,
del Amor más grande que todo el universo.

Nadie conoce al Padre, sino el Hijo,
y este Hijo vivió en el costado del Padre
desde la eternidad, hasta que un día
habitó entre nosotros, huérfanos con hambre.

Recostado en tu costado, Jesús mío,
quiero descubrir el sentido de mi vida,
aprender lo que es vivir sin límites,
estar dispuesto a morir por el Amado.

Recostado en tu costado, Jesús mío,
pasará el tiempo y la cruz será ligera,
escucharé el ritmo de tu amor,
caminaré a tu lado sin temor.

Recostado en tu costado, Jesús mío,
sanaré mis miserias a tu lado,
seré testigo fiel de tu Misericordia,
alcanzaré el Cielo, tomado de tu mano.

Recostado en tu costado quedaré prendado,
testigo fiel del Resucitado,
también seré esclavo del Esclavo encarnado
de mi Rey, que nace pobre en Belén.

JUNTO A LA CRUZ, BUSCO ESTAR, SER Y TENER

Jn 19, 25

Mi alma a María:

Como sombra de tu sol, seguías cada uno de sus pasos,
tu alma escribía tu dolor en lo más profundo,
sostenías al Hijo amado con tu mirada tierna y fuerte
¿Qué le han hecho, María, al Hijo de tus amores?

Caminas sin prisa esta vez, buscando
asimilar esta locura.
El Prometido por el ángel, ahora
es tratado sin cordura.
El que abrazaste aquella noche en Belén con tal dulzura
es hoy clavado al madero, golpeado,
sin rostro ni figura.

Madre santa, ¿qué haces acompañando
a quienes lo han abandonado?
Estás sola, más que nunca, ante la
sinrazón del hombre despiadado.
¿Qué buscas en la hora de su muerte?

María a mi alma:

Busco estar, ser y tener:
estar a los pies de la cruz y mi consuelo
por unos segundos ofrecer;
ser su Madre más que nunca, dar a luz
aquí también;
tener su Cuerpo entre mis brazos, ya callado,
y a la tierra ofrecer
este Cuerpo silencioso y golpeado: el de mi Hijo,
que es el mismo que al nacer.
Aquí estoy, hágase, en la oscuridad
y en el amanecer.
Soy su Madre tierna y cariñosa; es mi Hijo,
lo quiero ya sostener
por ti y por mí; en esta angustia
llamada Pasión, Él quiere permanecer.
Quédate a mi lado, tu corazón en silencio
Él quiere enternecer.

Y EN MI NOMBRE TE DESCUBRÍ

Jn 20, 11-16

María Magdalena a Jesús:

Caminaba perdida en la noche tan temida de
tu partida;
el amor me impulsaba a no esperar,
para cerca de ti de nuevo estar.
El sepulcro no era obstáculo para
mi alma tan necesitada.
Salí muy temprano para volver a
verte, y quizás soñar.

¿Qué sientes, María, en lo profundo
de tu alma? ¿Qué buscas?
Busco a mi Señor, Varón de dolores,
manso Cordero, don de Dios.
A sus pies quiero volver para sentir
su perdón y su cariño.
Me siento sola y triste. ¿Dónde está mi Maestro?

La roca del sepulcro abierta está, dejando a
una suave luz limpiar tanta oscuridad.
¿No ves, María, que algo especial te
aguarda, si con fe te atreves a entrar?

No veo a mi Salvador. Nada más
su Cuerpo quiero adorar.

¿Dónde está mi Redentor? No sean
crueles y dejen a mi amor llorar.
Quiero cuidarlo, velarlo y limpiarlo;
ungirlo sin prisa y con compasión.
¿Si tú lo tienes, oh jardinero, dime dónde está?
No aguanto ya tan tremenda desolación.

Y en mi nombre te descubrí….

Jesús a María Magdalena:

¡María! Aquí estoy, no busques a quien
ya no está entre los muertos.
Soy el mismo, ya glorioso.
Vivo estoy y nueva vida quiero dar.
Mírame, tócame y alégrate en la fe.
La razón de mi Pasión sigue viva en mi Corazón.

En ti, María, pronuncio cada
nombre por la eternidad.
En ti, María, perdono los pecados a
quien me ofrezca su amistad.
En ti, María, alma humilde, y en otros
como tú edificaré mi morada terrenal.
En ti, María, y en cada hombre y mujer que me
busque sin cesar,
llevaré mi Resurrección, hasta juntos de
la mano alcanzar la patria celestial.

AQUÍ ESTOY

Jn 20, 11-16

Ven a mí, ¡oh alma tan querida y buscada!
Aquí estoy esperándote a la sombra.
Ven a mí al amanecer de tu jornada.
Descansa junto a mí de tu desolación.

Vivo estoy y busco alegrarte la mirada.
Ya pasó la oscuridad del dolor sin esperanza.
Aquí estoy, te espero con la azada.
No soy ya el jardinero, sino tu Amor más buscado.

Quiero labrar surcos de amor en tu alma.
Jardinero parezco, pero soy el Maestro de verdad.
Si me buscas, escúchame; si me quieres, mírame;
desde la fe, tócame para ser testigo de mi caridad.

Aquí estoy, María, ven a mí, no temas, soy yo.
Pronuncio tu nombre con gran amor.
Ya no quiero que vivas en la tristeza del dolor.
Aquí estoy, oh María, resucitado de mi Pasión.

SEÑOR MÍO Y DIOS MÍO

Jn 20,19

En el día de tu oración, en lo alto,
el Padre te reveló sus nombres,
y Tú los acogiste en tu Corazón:
"Elijo, Padre, a los que Tú me das".

Fue un largo amasar su barro;
la fuerza de su carácter
se dispersaba en cada palabra,
y Tú, paciente, esperabas.

Y así, en un ocaso maravilloso,
días después de tu Resurrección,
entre tus elegidos quisiste estar
para regalarles tu presencia y tu paz.

Uno supo de ti que habías vuelto,
mas no te pudo encontrar,
exigió evidencias de tu omnipotencia,
y tu misericordia no se la habría de negar.

Ayer fue Tomás, hoy puedo ser yo;
ayer, un apóstol sumido en incredulidad,
hoy, a quien Tú también llamas amigo
necesita tocarte para sentir lo que Tomás.

Hoy, Tú ante mí te quieres mostrar:
en mi noche, introdúcete Jesús;
en mis dudas, dame fe operante;
en mi apostolado, confírmame.

Permíteme entrar por tu costado herido,
toma mis manos débiles y déjame tocar tu Corazón,
decirte una y otra vez, hasta mi último latido:
"Señor mío y Dios mío: aquí estoy".

ME ESPERABAS EN LA ORILLA
Jn 21, 4

Con el fuego encendido
y la cena lista
para saciar mi apetito
y darme compañía.

Fue la comida
el pretexto perfecto
para que tu amor hablara
a mi corazón aún dormido.

Orilla bendita que es cada Sagrario
donde moras sin cansancio,
donde la espera es un día a día,
y tu amor, la más tierna poesía.

Mi Jesús resucitado y amado,
que buscas un espacio en mi vida
donde yo te brinde mi mirada.

Siempre estás esperando,
junto con el fuego del Espíritu,
para darme nueva vida en cada Eucaristía.

Que te busque cada día,
aunque, en realidad,

seas Tú quien me convida
a saciar mi hambre más profunda
de amor, de paz y de alegría.

TÚ SÍGUEME

Jn 21, 15-17

Me miras de nuevo con ojos de resucitado
y tres veces me interrogas sin darte por vencido;
con paciencia me preguntas por el amor herido:
me regalas la oportunidad de reparar mi negación.

Tú lo sabes todo; te respondo sin afán
de presunción;
me rindo en mi amor y al tuyo me someto,
que es mi seguridad y por él te prometo
que todo lo mío es tuyo y que en ti sólo confío.

Me preguntas por el amor más alto,
el ágape de comunión.
Te respondo con humildad que no estoy listo,
que me conozco y que ya me has visto:
soy pecador y he caído, pero te prometo
que te quiero.

Por última vez me interrogas y me sorprendes.
No me corriges, ni me regañas,
me preguntas con suavidad:
"Pedro, ¿me quieres hasta la humildad?"
Yo, contento, te contesto: "Tú lo sabes todo,
Tú sabes que te quiero."

ESTOY AQUÍ A LA PUERTA

Ap 3, 20

Conozco tus obras.
Tienes nombre, como alguien que vive,
pero estás muerto.

Respeta tu nombre
como se engendró en mi Corazón
y salió de mi boca.

Ponte alerta y reanima lo que queda;
si no, vendré como ladrón,
sin que sepas la hora de mi llegada.

Recuerde tu oído mis palabras.
Recuerde tu memoria mis obras.
Recuerde tu miseria mi Misericordia.

El vencedor será revestido con vestiduras blancas.
No borraré jamás su nombre del libro de la vida,
sino que lo proclamaré en presencia de mi Padre.

Yo seré tu victoria.
Sanaré tus heridas con mi Sangre.
Limpiaré tu nombre en mi costado.
Sostendré tus brazos con mis clavos.

Al que venza, lo haré columna
en el templo de mi Dios.
Ya nunca saldrá fuera
y sobre él escribiré el nombre de mi Dios.

¡Ánimo! La victoria, tu victoria, cerca está.
Busca muy dentro y respóndete.
Eres imagen mía, no lo olvides.
Recuerda hoy el "¿dónde estás?" de Adán.

Mira que estoy a la puerta y llamo.
Si escuchas mi voz y me abres la puerta,
entraré a tu casa
y cenaré contigo; y tú, conmigo.

Aquí estaré fuera, junto a tu puerta,
esperando el don de tu libertad.
Abre pronto, alma mía, tengo hambre ya:
peregrino soy y necesito de un hogar.

Que tu corazón caliente mis tristezas,
y tu voz, mi soledad.
No temas, he llegado y no huiré jamás:
soy tu amigo, el Amigo de verdad.

Oraciones

por diversas intenciones

ORACIÓN POR MIS HIJOS

Señor, toma nuestros corazones
y ayúdanos a ser lo que nuestros hijos necesitan
para ser felices y personas de bien.

Toma nuestras manos
para que a través de ellas
les brindemos las mejores caricias
y los sostengamos siempre.

Toma nuestros pies
para que las huellas que vamos dejando
en sus vidas
sean las que ellos puedan seguir hacia ti.

Toma nuestros labios
para que los besos más tiernos
marquen en ellos el verdadero amor.

Toma nuestras palabras
para que no los lastimemos al corregirlos
y sepamos dar santos consejos en sus vidas.

Toma nuestros corazones
para que sepamos ser pan que se parte
hasta la última migaja,
para alimentarlos de amor cuando lo necesiten.

Toma todo nuestro ser de padres
para que, como espejo de la Virgen María y San José,
sepamos estar siempre dispuestos, aun en el dolor,
a ser su puente para el Cielo y la eternidad.

Que el cansancio no sea motivo de quejas,
que la rutina no empañe nuestras ganas de servir,
que los enojos no oculten el cariño
que sentimos por ellos.

Que en el dolor sepamos ser fortaleza;
que en la alegría sepamos ser sonrisa;
que en sus triunfos sepamos ser compañía;
que en sus tristezas sepamos siempre ser consuelo.

Danos, Señor, la gracia de ser "Padres",
que sepamos ser ejemplo
y enseñemos a nuestros hijos
a ser verdaderamente felices.

ORACIÓN DE LOS PADRES POR LOS HIJOS

Te presentamos, Señor, el fruto de nuestro amor;
nuestra unión hecha vida por tu gracia;
regalo tierno y misterioso que acogimos
con alegría: nuestros hijos.
Cada uno es un don y una tarea.

Ayúdanos a descubrir, como padres, su misión.
Ilumínanos para guiarlos siempre hacia el bien.
Fortalece nuestra voluntad en ser pacientes.
Danos sabiduría para enseñarles el amor.

Te pedimos caridad y unidad como padres:
que los dos sepamos aportar a nuestros hijos
los regalos que, como padre y madre,
ellos necesitan;
que compartamos juntos esta tarea,
con la misma unión de la cual fueron fruto.

Danos tu luz para que les regalemos raíces,
para que su vida sea sólida en la virtud.
Danos generosidad y esperanza para darles alas,
para que, a su tiempo, vuelen a su nido
y formen su propia familia, una como la nuestra.

Que sepamos vencer heridas del pasado.
Que tengamos la humildad para aprender de ellos.
Que vivamos con ellos la alegría de la comunión.

Que perseveremos en el amor.
Que podamos ver a los hijos de nuestros hijos.

Son tuyos, Señor, te los presentamos un día más.
Que les regalemos el don de la fe vivida
con coherencia
para que su vida sea una ofrenda agradable a ti.
Míralos, son tus hijos, llévalos en tu Corazón,
como también nosotros los llevamos en el nuestro.

ORACIÓN POR MI HIJO ADOLESCENTE

Señor, tengo un hijo adolescente.
Te pido por él,
para que te llame desde su soledad y necesidades,
para que yo sepa entenderlo
y no se convierta en un enigma
para sus padres o para sí mismo.

Que sepa comprender
sus risas, sus cambios de humor y sus rabietas.
Que interprete y acompañe
sus amores, ambiciones, y hasta
cobardías y rencores.

Que yo sea luz y ejemplo, compañía y seguridad;
que marque los límites con firmeza y decisión
aprendiendo, a la vez, a darle alas
para forjar lentamente su destino.

Dame un corazón lleno de amor
para dar sin medida y sin tiempos.
Dame tu luz, tu gracia y tu amor:
los necesito para ver claro el camino.

Quiero ayudarle a trabajar sus talentos
y limitaciones
para que crezca dispuesto a ser valiente,

para hacerse responsable de su vida
y quiera amar a los que tenga a su lado.

Dame fuerzas, Señor, para ver crecer a mi hijo
y sostenerlo con mano firme y segura,
y que aprenda también a soltarlo
para que un día levante su propio vuelo.

ORACIÓN POR MI ESPOSO

Señor, hoy quiero hablarte del hombre
que para mi corazón es muy amado,
a quien elegí para ser mi compañero
y mi mejor amigo,
a quien preferí y escogí entre las páginas
de mi vida.

Quiero pedirte por su corazón:
míralo con ternura y acaricia sus heridas
más profundas.
Sana su memoria de recuerdos dolorosos
y regálale alegría siempre nueva para sus labios.

Colma su corazón de amor
para que sus palabras y sus gestos
transmitan, a quienes estamos a su lado,
la compañía y la seguridad que tanto necesitamos.

Fortalece sus manos
para que su trabajo sea digno y bueno.
Guía sus pensamientos
para que sus pasos sean bendecidos.

Toma su mano y guíalo cada día
para que, como padre y esposo,
sea fiel a tus mandamientos

y su sola presencia inspire
fuerza, valentía y seguridad.

Que su familia pueda recurrir a él como sostén
y guía,
fuerza y ayuda en cualquier situación.

Que nuestros hijos descubran en él
un modelo perfecto de amor y seguridad;
que en sus brazos aprendan el valor del trabajo
y la fidelidad
y que por sus palabras beban honestidad
y responsabilidad.
Bendice su trabajo y las manos que día a día no
se cansan;
que todos sus caminos sean bendecidos.

Que yo descubra en él, como esposa,
el amor verdadero y eterno que siempre anhelé.
Dame capacidad de entenderlo, valorarlo
y amarlo, sin pretender cambiarlo.
Que corrija con prudencia y camine a su lado,
respetando su individualidad y diferencias.
Que lo ame y cada día lo conduzca,
con mis oraciones y ejemplo,
hacia nuestro fin, que es el Cielo,
donde nuestro amor será eterno.

ORACIÓN POR MI ESPOSA

Señor, Tú has soñado el proyecto de amor
entre el hombre y la mujer
y, desde el comienzo de la humanidad,
creaste para el varón la compañía ideal,
y su razón de amar, en una mujer.

Permíteme hoy agradecerte por ella: es mi esposa,
aquella mujer que, como parte de mi ser,
debo cuidar y custodiar.

Quiero pedirte por ella,
para que en su corazón no envejezca la capacidad
de amar,
que sus sonrisas se multipliquen como las estrellas
en la noche
y la luz de su mirada no pierda el brillo jamás.
Que en sus manos siempre sean nuevas
las caricias que sanan con ternura
y se ocupan día a día de nuestra familia.
Que su corazón no sea encadenado por la tristeza
y que en él fluya, como torrente de vida, tu Amor.

Que yo sea para ella compañero y amigo fiel,
amante de su alma y admirador de todas
las delicadezas
que la hacen bella, única, irremplazable…
mi esposa.

Que sepa amarla y custodiarla,
protegerla y valorarla,
soñarla y hacerla soñar.
Que no empañe jamás su sonrisa,
y que disfrute del tiempo con ella feliz a mi lado.

Tómala bien fuerte de la mano,
bendice siempre su vientre de amor,
que es cuna de vida y ternura.
Serénala cuando no encuentre sosiego
y corónala de bendiciones
cada día, al despuntar el alba.

Hazme sereno, y hasta delicado,
para no lastimar su hermosura.
Que sepa abrazarla y darle mis mejores años
para que, juntos, amándonos,
descubramos la belleza de este amor que viene de ti
y hacia ti va, coronado por este tiempo de vida
juntos,
como compañeros de camino,
amigos del alma y esposos cristianos.

ORACIÓN DE UN MATRIMONIO EN DIFICULTAD

Venimos, Señor, con un corazón abierto,
con la esperanza de sanar nuestra comunión,
la que firmamos con alegría e ilusión
el día de nuestro matrimonio.

Ha pasado ya tiempo desde que iniciamos
esta aventura con confianza y amor:
nos hemos reído, abrazado y besado,
pero ahora nos reconocemos enfermos.

Sí, enfermos de amor: ya no sentimos
lo que al inicio fue un paraíso de pasión.
Ahora, cada día es un lento avanzar
en la conquista de nuestro corazón herido.

Ayúdanos a perseverar en nuestra entrega,
que donde haya infidelidad,
uno sepa perdonar, y el otro, reparar;
que donde haya odio,
pongamos una gota de amor;
que donde haya silencio y rencor,
pongamos una palabra de esperanza;
que donde haya miedo y violencia,
pongamos un gesto de cariño.

Enséñanos a vivir las tres "Ces" del matrimonio:
cariño, comunicación y comprensión.

Cariño forjado con la voluntad
y no sólo con el sentimiento;
que la esposa sienta el calor de los detalles;
que el esposo sienta el consuelo
del reconocimiento.

Comunicación que se haga desde dentro;
palabras que, más que hablar, escuchen;
corazón que se una al del otro en silencio;
miradas que recuerden la del primer día.

Comprensión que es quererse como somos;
tomarse de la mano y mirar juntos en la misma dirección;
desprenderse de todo afecto que no sea recto;
crecer para ser mejores, no sólo mayores.

Líbranos de las sirenas egoístas de nuestros sueños,
de todo lo que perturba el dar sin buscar recibir.
Crea en nosotros un corazón nuevo, como el tuyo.

Por último, te pedimos fuerza para levantar juntos la mirada
hacia la prueba más grande de amor que nos diste;
que mirando al crucifijo nos recuerdes

que el vino mejor siempre está por llegar,
si juntos nos esforzamos por llenar
esas seis tinajas del agua de nuestra humanidad.

ORACIÓN POR LOS ABUELOS

De corazón de oro y cabellos de plata,
de miradas llenas de bondad,
y palabras, de sabiduría, colmadas.

De silencios que nos hablan de su prudencia,
de cientos de historias y consejos
que nos evitan traicionar nuestra conciencia.

Abuelos que son padres,
con amor, en entrega, redoblado,
que es otra vez abrazo, cuidado
y ternura, sin tiempo ni medida.

Nunca les faltan abrazos y mimos
a aquellos que hoy son sus elegidos:
nietos que disfrutan, seguros y contentos,
refugiados en su comprensión y su cariño.

¡Quién como los abuelos
para hablar de amor desinteresado!
Hoy, Señor, te pido por sus corazones,
por su lucidez y por su tranquilidad;
fortalece sus almas con tu gracia y bendiciones,
dale a sus cuerpos salud e integridad,
y que no les falten nunca las oraciones,
ni el bienestar que los hijos y
los nietos pueden dar.

Cólmalos de siempre nuevas alegrías,
y sana de su corazón aquellas heridas
que los lastiman en los momentos
cuando en su mente se agitan pesares viejos.

Danos a nosotros la gracia
de amarlos también sin medida,
de entender sus debilidades y silencios,
que nunca les falte nuestro corazón agradecido,
y que nuestras manos se conviertan
en su sostén, caricia y abrigo.

Que nunca sientan la soledad,
que nunca sus hijos los dejen en desamparo,
y que descubran que el amor que han dado
hoy es un tesoro que su descendencia
guarda como la más preciada herencia.

Abrázalos siempre, Padre Dios,
y a nosotros danos vida y amor
para retribuirles, de alguna manera,
lo que grabaron muy dentro de nuestro corazón.

A todos los abuelos, ¡bendícelos hoy, Señor!

ORACIÓN PARA SANAR LAS HERIDAS

¡Sáname, Señor!
De las esperas y los olvidos del destino,
de las indiferencias de los corazones
que hieren el mío.

Sáname, Señor, de mis descuidos,
de aquellos errores que he cometido
al dar pasos sin pensar en ti
ni en tus caminos.

Sáname, Señor, de las decepciones,
de aquello que anhelo y nunca ha sucedido,
de la esperanza perdida,
de aquello que nunca olvido.

Sáname, Señor, de aquello que oculto
y que guardo por temor en el rincón del olvido,
aquello que por vergüenza,
bajo el silencio, no lo digo.

Sáname, Señor,
del querer sentirme amado y comprendido,
del orgullo que desea
ser tenido en cuenta y sostenido.

Que solamente busque ser pequeño
tenido en nada, sencillo
y abrazado a tus designios.

Sáname… en fin, Señor, enséñame,
ámame, que te necesito.

ORACIÓN DEL ENFERMO

Jesús, Divino Doctor, te presento mi enfermedad,
esta hermana que me acompaña de verdad.
Mi corazón a veces teme su tenacidad.
La esperanza se debilita con la edad.

Acudo a ti con un espíritu de ofrecimiento:
Tú me conoces y me sostienes en todo momento.
Tengo miedo de no aguantar mi sufrimiento,
de este peso que llega a ser tormento.

Tuyo soy y tuyo seré.
Todo lo mío es tuyo, y todo lo tuyo, mío.
Toma mi enfermedad y dame tu paz.
Tomo tu paz y Tú transforma mi dolor.

Fortalece mi alma para que sea generosa.
Que mi dolor no sea carga para los demás,
que tu presencia sea mi gran consuelo.
Haz madurar mi corazón y hazlo tuyo.

para ocasiones
especiales

AHORA QUE TE ACERCAS

Adviento

Esperado de todas las naciones.
Respuesta que acalla mis miedos.
Tierra prometida desde lo alto.
Cielo abierto derramado en silencio.

Ahora que te acercas,
prepara mi pobre corazón
para recibirte dignamente
y abrazarte con ternura.

Ahora que te acercas,
déjame mirarte y ser tu diversión;
quiero ser tu consuelo
y que descanses con suavidad en mi pecho.

Ahora que te acercas,
mira bien quién soy:
he contado estrellas desde la Creación
esperando este don, que mío es hoy.

Ahora que te acercas,
no se acaba la peregrinación;
comienza ahora el camino de mi vida
junto a ti hasta la redención.

Ahora que te acercas,
dime todo lo que es amor;
quiero ser discípulo en silencio
y alcanzar de ti el perdón.

Ahora que te acercas,
hace frío y es de noche;
déjame darte fuego, luz y sol,
y el regalo que temblando hoy te entrego:
mi pobreza revestida de mi amor.

ÉSOS, TUS OJOS

Navidad

Dichosos los que han visto
a Dios envuelto en pañales,
milagro realizado en Belén
que dio fin a todas las señales.

Carne mía y vida mía,
Niño de las promesas,
mi alma salta de alegría:
Dios conmigo para siempre.

Entro temblando en tu humilde casa,
ojos fijos en tu mirada,
dos gotas de cielo anticipado,
ternura de lo alto derramada.

Ésos, tus ojos,
me limpian la mirada,
me donan esperanzas,
me libran de temores,
me hablan de cariño,
me cantan melodías,
me regalan paz.

Ésos, tus ojos,
reirán ante tu dulce Madre,
se elevarán al Padre cada noche,

soñarán con tus discípulos,
sanarán enfermos y pecadores,
se entristecerán ante la muerte.

Ésos, tus ojos,
resucitarán para darnos esperanza de vivir
para verlos nuevamente
fijos en el Corazón del Padre,
en el gozo del Espíritu de Amor.

Ésos, tus ojos, Jesús mío,
quiero por siempre contemplar,
porque así me sentiré seguro
aquí, en esta tierra de dolor.

Ésos, tus ojos, que son
testigos de mi destino,
presencia de un amigo,
fuerza en el camino,
Amor así escondido
de un Dios que ha nacido
parar llorar conmigo
y recordarme mi destino.

El Cielo bendito
que, hecho Niño, se me abre
en esos ojos tuyos,
¡oh Jesús mío!

ÉSAS, TUS LÁGRIMAS

Navidad

Tu amor desciende como rocío
desde el cielo abierto de tu Corazón,
puente que une mi vida con mi destino,
esperanza cierta que Tú me regalas.

Tu tienda clavaste en el corazón del mundo,
peregrino conmigo, para enseñarme el camino,
cansancio que a mí me descansa,
consuelo que brilla desde el cielo.

Viniste por mí para lavarme en tus lágrimas.
Sufriste por mí para limpiar mis pecados.
Oraste por mí para sostener mi esperanza.
Moriste por mí para darme la vida.

Ésas, tus lágrimas,
nacieron en Belén,
limpiaron la noche,
callaron estrellas,
llamaron a reyes.

Ésas, tus lágrimas,
bañaron aquellas mejillas,
las de ese Ángel que cuida de tus ojos,
las de esa princesa que siempre te besa,
las de esa esclava que siempre te alaba.

Ésas, tus lágrimas,
siempre tan humanas,
rodaron sin miedo ante nuestra miseria,
bajaron con pena ante tu amigo en la tumba,
mirando a tu pueblo, cayeron profundas.

Ésas, tus lágrimas,
se tiñeron de rojo
en la noche que pesa en tu alma,
en la noche de tu soledad más oscura,
en la noche de tu profundo despojo.

Ésas, tus lágrimas,
me limpian el alma con su pureza,
me curan las heridas con su amor,
me quitan la sed de eternidad.

Gracias, Señor, por ser mi hermano.
Llorando me enseñas a verte cercano.
Llorando comprendo lo que es el pecado.
Llorando entiendo lo que me has amado.

CUANDO HAY AMOR, ES SUFICIENTE
Epifanía

Eran tres peregrinos de Oriente
cargados de regalos e ilusión,
viajaban guiados por una estrella,
señal divina en su decisión.

En un largo camino, lleno de peligros,
la fe les infunde prisa;
la esperanza, determinación;
la caridad les prepara el corazón.

Van en busca del Rey nacido en Belén.
Las Escrituras lo han dicho bien:
ya están cerca de cumplir la promesa,
por fin lograron alcanzar la certeza.

Son llevados por la estrella
en lo profundo de la noche bella;
el silencio cubre todo el campo
en espera de un nuevo canto.

En lo profundo de la cueva
van entrando los pastores,
admirados ante tan gran prueba
dejan a María sus sencillos dones.

Los tres Magos se inclinan
en humilde actitud de adoración,
ojos fijos en el Predilecto,
en el Rey de toda nación.

Traen regalos, imagen de su amor:
oro puro como canción,
precioso don para su Señor;
incienso que se alza
como perfume suave para su Dios;
mirra que anuncia su destino,
recuerdo santo para su Redentor.

Alma mía, mira bien,
despierta en esta noche santa.
Vete tú corriendo a Belén
y ofrece algo al Niño, también.

No eres rica, bien lo sé,
pero algo tendrás para regalar
a Aquel que, por ti, un día morirá;
busca bien, muy dentro de tu corazón:
quizás hay un pequeño rencor
o una duda de su amor;
quizás es ese miedo llamado temor
o una espina clavada de dolor.

Algo habrá que ofrecer:
un propósito hecho oración

o el don de tu perdón;
quizás el evitar una tentación.

Busca bien, alma mía,
tú también tienes un oro,
un incienso para arder
y mirra para dejar a sus pies.

Sólo tu amor por Él sabrá
qué es lo que debes ofrecer.
No eres Mago, ni de Oriente,
pero, cuando hay amor, es suficiente.

El regalo que Él más quiere
no se compra ni se envuelve,
ni tiene precio ni provecho.

Es tu vida junto a Él
en adoración y confianza,
en silencio y gratitud
por lo mucho que te ha dado
y lo tanto que te ha amado.

CADENA DE MISERICORDIA

En ocasión del Año de la Misericordia

Tú me abres, Señor, una puerta
y llenas de luz mi esperanza gastada.
Tú me cargas en tus hombros
y sostienes mi fe cansada.

Me recuerdas con ternura mis miserias,
con tu mano tendida que acaricia,
y repites a mi alma:
dame lo mío y toma lo tuyo.

¿Qué es lo tuyo, Señor?
¿Por qué tengo miedo de este intercambio?
Tú has venido a cargar mis miserias
y sólo me pides que abra mi puerta.

Entras contento, como un Buen Ladrón:
me robas los miedos, rencores y dudas,
y con tu huella profunda me marcas,
dejando una estela de paz infinita.

Tu misericordia me levanta.
Tu misericordia me limpia.
Tu misericordia me alegra.
Tu misericordia me da vida.

¡Ven, Señor Jesús!
Rompe las ataduras del pecado,
venda mis heridas más profundas,
carga mi cuerpo tan cansado,
sana mi alma lastimada.

Y que, ya restaurado por tu Amor,
vaya y haga yo lo mismo con mi hermano,
aquel que más me necesita,
aquel que más me ha herido,
aquel que es más temido.

Porque es deber de gratitud
crear una cadena de misericordia
tan fuerte como el amor que Tú nos tienes,
tan grande como tu paciencia,
tan brillante como tu ternura.

Déjame entrar en tu Corazón,
¡ábreme tu puerta!
Para que entrando descubra
a todos mis hermanos,
que lo son por el gran amor
con que Tú nos has perdonado.

MADRE MÍA, VIDA MÍA

A las madres

Al despertar de la vida,
y en cada página de mi historia,
estás presente como ángel
que anuncia la mañana.

Eres luna que ilumina mi sueño
y vela mi cuerpo;
sonrisa que arranca mis miedos
y dibuja arcoíris en mis tormentas.

Al caminar mi destino,
siempre recuerdo tu voz de cariño,
ola que borra las huellas del dolor
en la orilla de mi debilidad.

Mirada que en silencio me despide
sabiendo que habrá un regreso.
Lágrimas como lluvia de amor
que forman valles de ternura.

Al entregar mi corazón, siento tus manos
que me sostienen en mi elección;
alegría profunda y orgullo sincero
porque has regalado al mundo un nuevo velero.

En vela me acompañas, y como lámpara encendida,
tu oración ilumina mi sendero.
Siempre eres y serás
vida de mi vida, Madre mía,
estrella de mi predilección.

Al despedirte no puedo sino llorar y sonreír,
recordar y valorar lo que eres y lo que me diste.

Tus arrugas son testigos de tu amor.
¡No las borres!
Son mis dedos y caricias en tu rostro.

Tus lágrimas son ríos de vida y de dolor.
¡No las olvides!
Pues limpiaron muchas veces mi corazón.

Tus desvelos son oraciones.
¡No lo dudes!
Perlas de un collar que, en el Cielo,
Dios te regalará.

MÍRAME CADA DÍA

A los padres

Mírame cada día,
invéntame un sueño,
regálame una sonrisa
y enséñame siempre el camino al Cielo.

Alcánzame, si puedes, una estrella,
porque en mi mundo de niño
no existen imposibles
para quien se sabe amado.

Dibújame el arco iris
después de cada tormenta
y borra, de a poquito, las nubes grises
que en mi cielo se proyectan.

Déjame, a veces, que llore,
y no todo me consientas,
porque aprendo más del límite
que del cómplice capricho que alientas.

Descúbreme nuevos paisajes,
aun en medio de tu día intenso,
porque siempre necesito de tu amor
más que de juguetes y entretenimiento.

Juega conmigo, que me emociona
verme reflejado en tus ojos de niño
y descubrir que compartes, cuando ríes,
mi pequeño mundo de fantasía.

Tómame fuerte de la mano
y jamás permitas que me pierda.
Enséñame, con tu ejemplo,
el valor de lo sencillo,
que se hace vida en el calor
y cariño de nuestra familia.

Abrázame entre tus brazos eternos,
porque el tiempo no existe
cuando siento tu ternura y tus besos.
Modela mi corazón con semillas
de amor incondicional que a mi futuro
lleguen convertidas en frutos maduros.

Custodia, de mi corazón, la pureza;
salvaguarda, con tus manos, mi inocencia:
que nadie, a mis sueños, les cierre las puertas,
e impúlsame siempre a crecer con paciencia.

Mírame cada día, tenme siempre en mente,
y presta atención a tus pasos porque, aun ausente,
yo camino tras de ti, en silencio,
cobijado por tu sombra y por tu ejemplo.

No dudes en decirme que me quieres,
¡y abrázame, aunque vaya creciendo!,
porque las huellas de amor que tú me dejas
son mis futuros pasos y mi mejor herencia.

CUARENTA AÑOS

De vida consagrada

Cuarenta años parecen toda una vida,
y lo son para los que tienen el corazón abierto.
Cuarenta años en el desierto
esperando la Tierra Prometida.

Cuarenta días de oración para Moisés:
tu amistad grabada en la ley.
Cuarenta días de espera hasta la Pasión:
camino lento hacia tu Resurrección.

El eco de la memoria resuena
en mi alma, más serena.
Cuarenta años iluminada
por tu amistad, fiel a manos llenas.

Gracias, Señor, por tu presencia,
don que me sostiene cada día,
recuerdo vivo de mi llamado,
que todavía alimento con alegría.

¿Cómo pagarte por tanto amor?
Alzaré la copa de mi salvación,
seré testigo vivo de tu Corazón,
alma consagrada, hermana y compañera.

Aquí me tienes nuevamente,
esclava de mí, sí,
con la experiencia del desierto,
del mar y de tu Cielo,
con paz y confianza ya muy dentro.

Porque de ti ya nada espero.
Sólo a ti te quiero.
Tú lo sabes.
Es mi don sincero,
que hoy renuevo y te entrego.

TE FUISTE
Cuando parte un ser querido

Te fuiste
para sonreír con los ángeles,
para andar por brillantes nubes
y rodearte de sol.

Te fuiste
para colmar el alma y habitar feliz
donde no existe llanto ni dolor.

Tus ojos contemplan la gloria sin ocaso,
lo eterno que es vida y la felicidad sin fin.
Ya no sufres la corrupción
del tiempo, del dolor y la pena.

Tu alma se viste de fiesta ante el sol,
sol de justicia,
de la Promesa que es eterna,
del lugar donde me esperas
para hacer de alabanzas
nuestro Cielo al fin.

Te fuiste
para abrazarme más fuerte,
para secar mis lágrimas,
que te recuerdan sin fin;
para susurrarme, al corazón,

que disfrutas del Cielo
cada vez que oro por ti.

Te fuiste
para hacer que desde hoy
mis ojos te busquen sonriendo
en las estrellas que brillan
hablándome de ti.

Te fuiste
para recordarme
que el amor nunca se acaba,
que, cuando se ama,
la muerte no existe,
mas es un paso a lo eterno,
que es vida feliz.

Mis experiencias
sacerdotales

TRINIDAD, DIVINO MISTERIO

Trinidad, divino misterio
que me ama, salva y santifica.
Trinidad que me sostiene,
me fortalece, libera y vivifica.
Trinidad que es el principio
y el fin de mi vida.

Trinidad que en el Amor me envuelve,
amándome por una eternidad:
comenzó con mi primer aliento
y culminará en el abrazo sin fin
del Cielo que tanto anhelo.

Trinidad que eres mi Todo,
a cada instante de mi vida:
ámame, sálvame y santifícame.

Trinidad, misterio siempre eterno
de Comunión de Amor fresca y renovada:
ven a habitarme para nunca dejar tu morada.

¡Sé mi refugio!
¡Oh Santísima Trinidad divina!

VEN, ESPÍRITU SANTO

Ven, Espíritu Santo,
quiero descubrirte como el viento suave
que purifica la fe de sus elegidos
y dejar reposar tu fuego sobre mi cabeza,
para que llenes de tus virtudes mis sentidos.

Ven, Espíritu de Amor,
enciende la zarza de mi interior,
abrasa aquello que sea imperfección,
calienta cualquier frío en mi corazón.

Ven, Espíritu de Fortaleza,
sostén mis débiles propósitos,
sopla tu fuerza ante mi indecisión,
sana mi desconfianza y mi temor.

Ven, Espíritu de Paz,
conquista las batallas de mi vida,
dona la seguridad de tu presencia,
vence en mí toda tentación.

Ven, Espíritu de Alegría,
siembra en mi rostro expresiones de Cielo,
dibuja en mí una sonrisa desde dentro,
convierte las lágrimas en consuelo.

Ven, Espíritu de Unidad,
construye con mis manos cadenas de amor,
descúbreme los talentos del hermano,
infúndeme humildad para verte en lo cotidiano.

Ven, Espíritu Santo,
realiza tu obra en mí.
Aquí estoy, soy tuyo:
tómame y renuévame.

TE SOSTENGO

Tú que me lees y quieres sentirte en paz.
Tú que me lees y ya no quieres caminar.
Tú que me lees y no sabes cómo rezar.
Tú que me lees y quieres volver a amar.

Te sostengo con mis oraciones a cada paso.
Te sostengo con mi Eucaristía.
Te sostengo con mis sacrificios.
Te sostengo con mi amor de Pastor.

No temas, no estás sola ni perdida.
No temas, no estás lejos de Dios.
No temas, no caminas sin un rumbo.
No temas, no desesperes.

Te sostengo porque el Padre me ha hecho puente.
Te sostengo porque me importas.
Te sostengo en nombre de Dios.
Te sostengo porque me has sido encomendada.

¿EXISTIRÁ EL AMOR?

Dedicado a todos los matrimonios que me escriben pidiendo consejos y oraciones.
Con Dios hecho hombre se puede llegar al Cielo, tomados de la mano en fidelidad, respeto y cariño.

En este día en que grande te haces pequeño
para que tu Amor sea real y tierno.
En este día en el que te dejas abrazar
para sanar heridas y levantar esperanzas.

Yo te pregunto, ¿existirá el amor humano?
¿Podrá ser siquiera un pálido reflejo del tuyo?

Muchas almas me preguntan, desconsoladas,
si merece la pena seguir luchando
por sostener un amor herido por la infidelidad,
si es posible perdonar hasta el final.

¿Qué les digo como tu representante?
Si te veo necesitado de nosotros en Belén,
si te siento frágil y humano,
todo un Dios partido como pan cotidiano.

Es posible, si hay comunicación,
oración entre dos almas
que se prometieron fidelidad y amor
sin ponerlos en cuestión.

Es posible, si la sinceridad es la joya
que adorna sus dedos como anillo
que brilla, reflejada en sus ojos
por la transparencia de la entrega.

Es posible, si la pasión es subyugada,
si la razón, mirando al cielo y a los hijos,
doblega el corazón ingrato que sólo busca
aventuras que nada dejan y todo destruyen.

¿Qué les digo? Si también, Dios mío,
estoy sujeto a la misma ley de la tentación,
si mi fidelidad a ti es puesta a prueba,
a pesar de tu Amor constante que me renueva.

Les diré que en el Cielo
no hay puertas donde esconderse
ni verdades desconocidas.
Les diré que en el Cielo sólo pesa el amor,
y la fidelidad es su contraseña.

Les diré que sufrir es amar,
que el "sí" hay que sostenerlo hasta el final,
que los hijos son herencia y recuerdo
de todo lo más santo y lo más bello.

MI CRUZ COMO SACERDOTE

Dedicado a todos ustedes, mis almas, camino del Cielo.

Misterio de amor que produce dolor.
Silencio que pesa y siembra semillas.
Luz suave que ilumina mis pisadas.
Grito escondido que acoge mi Dios.

Quiero dejarte ser mi acompañante.
Quiero, con alegría y esperanza, cargarte.
Quiero que seas faro de fe.
Quiero en ti estar a la altura de Cristo.

Mis lágrimas te doy, no las oculto.
Mis quejas también, para que sean tributo.
Mis llagas abiertas que sean las puertas.
Mis manos clavadas, eternas moradas.

Por mis almas la ofrezco, hermanos y hermanas.
No dejes, Dios mío, que pese en ellos mi propio madero,
deja que alegre lo cargue con ánimo sincero,
esperando que a todas ellas les abra el Cielo.

MIS PALABRAS A JESÚS Y MARÍA

Mi oración a Jesús y María en mi 10° aniversario sacerdotal.

GRACIAS, JESÚS

Tus manos de alfarero me abrazaron,
con paciencia me amasaron,
dando forma a un vaso nuevo,
conteniendo tesoros de misericordia.

Tanto amor en juego
encerrado en una libertad humana,
confianza ciega cada día renovada
en el Amigo siempre fiel.

Con ternura me levantas
y tu mirada me sostiene.
Tu Palabra es mi escudo
en todas mis batallas.

Cada huella de tus plantas
me señala el sendero.
Ir al Cielo, sólo eso quiero,
y cargado de mis almas
verte un día cara a cara.

Con temor yo te levanto
y mi alma te contiene.

Cada encuentro misterioso
es un sello de amistad.

Imitarte y transformarme
Sacerdote para siempre.
Sueño cielos en la tierra
como un cirio siempre ardiente.

GRACIAS, MADRE

Gracias, Madre muy querida,
presencia tierna y vigilante,
con tu manto me proteges
y me llevas adelante.

Renovar yo quiero,
a tus pies benditos,
con un corazón contrito,
mi don sacerdotal,
mi vocación religiosa,
mi misión evangelizadora,
mi llamado a la santidad.

Te entrego
mi vida y mis sueños,
cruces y tesoros,
todo lo que soy.
¿Tener? No tengo nada.
Tuyo soy desde mi consagración.

Cuídalo y límpialo:
es mi corazón,
que hoy te entrego nuevamente
en este acto de oblación.

LA SOLEDAD SONORA

Cierras los ojos y ¿qué ves?
¿Qué escuchas más profundamente:
tu corazón o el del mundo?

¿Qué sientes en tu interior?
El silencio te debe dar alas,
no las rejas de una prisión.

Estar contigo no es un castigo:
es tu destino, aquí, en el camino.
Pero escucha el silencio.

No es una ausencia,
sino una suave presencia.
Tu mejor amigo eres tú.

Quiérete y sánate
de tu egoísmo y victimismo,
que te gritan con cinismo.

Sé libre de toda herida
que sangra sin medida
pedazos de tu vida.

Escucha esa soledad sonora,
la apacible verdad que te incomoda;
un grito a tu miedo enfermizo.

Sé sola, alma mía,
estate quieta sin buscar salida;
la fuerza vive dentro de tu herida.

Abre la puerta.
Deja libre el rencor que te inquieta.
Sánate con lágrimas de silencio.

Escucha tus sueños y anhelos,
esos que quisieron arrancar tus vuelos:
quita el polvo de tus miedos.

Mira a lo alto y escucha esa música
que, callada, te reclama con suave melodía.
¿Dónde estás y a dónde vas?

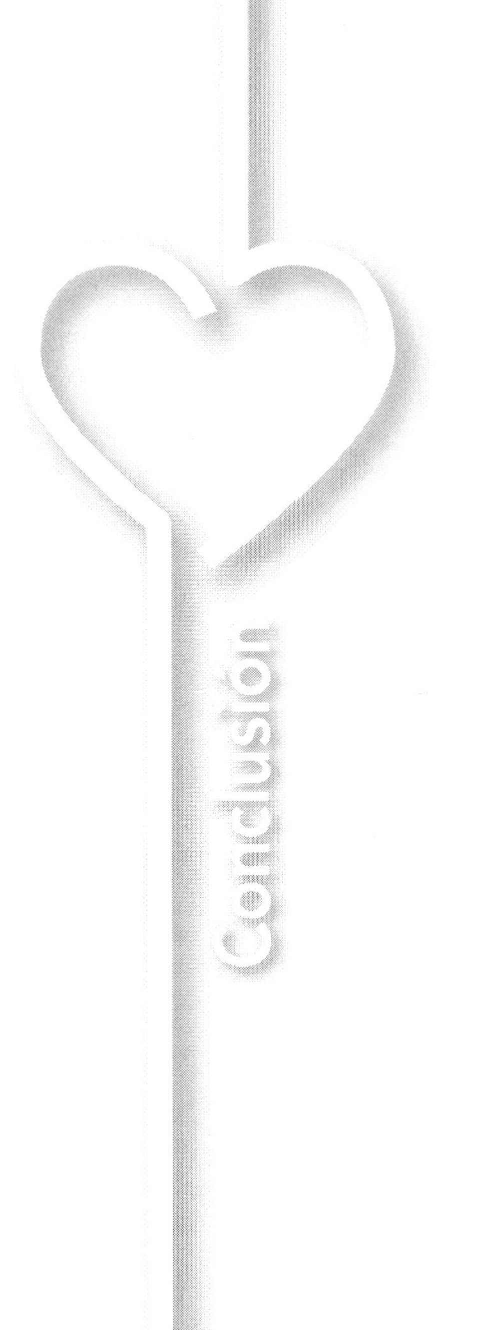
Conclusión

Jesús a mi alma es un libro que se puede leer una y otra vez desde la apertura de un corazón sincero, deseoso de oración. Por eso es que *Jesús a mi alma* no termina aquí.

Tanto en los grandes momentos, como en las tareas cotidianas, el ser humano se mantiene constantemente "en búsqueda". Para el cristiano, la búsqueda de Dios, de su Palabra y su Reino, se convierte en la manera de encontrar respuestas para satisfacer sus diversas necesidades, y al mismo tiempo, esta búsqueda le permite atesorar seguridades que, muchas veces, han estado ocultas o le han sido desconocidas, lo que las convierte en parte fundamental de una misión.

A lo largo de la historia de la salvación nos encontramos con la experiencia de personajes que han vivido inmersos en la búsqueda de Dios. Algunos salieron de su tierra y dieron origen al pueblo elegido; otros dejaron todo y le siguieron. Muchos han recurrido a Él, manifestándole su dolor, su desamparo y su impotencia. En ellos nos vemos reflejados, al vivir esa misma experiencia de ser peregrinos. Y del otro lado de esta búsqueda se encuentra quien realmente anhela la salvación del ser humano: Dios, el Eterno Buscador, quien ha salido al encuentro de nuestros corazones, para mostrarnos su fidelidad y misericordia.

Las oraciones contenidas en este libro han sido escritas para llevarte a ti que me lees a un encuentro íntimo y personal con Dios. En este diálogo escucharás una invitación a dejarlo todo, a convertirte en un ser "en salida", y al mismo tiempo, a experimentar la presencia cercana de Dios.

El hacerte peregrino te llevará a contemplar muchos paisajes antes no imaginados. Paisajes del exterior, pero, sobre todo, de tu interior. Ésta ha sido mi intención al escribir el libro: describir, en forma de diálogo y oración, algunos de estos paisajes para ayudarte a seguir caminando. Seguramente te habrás identificado con algunos más que con otros. Detente allí donde hayas encontrado luz, sigue el diálogo con Jesús y recorre de nuevo esas huellas hasta encontrar lo que tu alma busca y desea, hasta llegar a tener en tu corazón los mismos sentimientos de Cristo (*Fil 2,5*).

Espero haberte ayudado al encuentro con Dios. Acércate, como Moisés, a la zarza ardiente de tu búsqueda; descálzate de toda distracción y apego y vive íntimamente esta experiencia maravillosa de diálogo entre Jesús y tu alma.

La última oración de este libro quiere ser un himno a nosotros, los buscadores. Una oración que recorra esos paisajes, quizás olvidados, para, desde allí, encontrarnos nuevamente con Dios. Es una oración para el buscador ya experimentado, pero, a la vez, ayudará al que apenas comienza, pues nunca acabaremos de descubrir toda la riqueza de la presencia de Dios en nuestra vida.

ORACIÓN PARA BUSCAR A DIOS

A ti, Señor, levanto mi alma.
A ti, que habitas en el Cielo.
A ti, Señor, elevo mi plegaria
como buscador lleno de anhelo.

Buscaré en mi frágil vaso de barro,
sabiendo que Tú eres mi alfarero,
tus manos me modelaron
y tus dedos con ternura me formaron.

Buscaré en el recuerdo del primer amor,
cuando tú, Jesús, besaste mi alma
y entraste en mi corazón pidiendo
que dejara todo y te siguiera.

Buscaré en mi pasado,
sin temor ni pereza,
pues sé que allí habita una certeza:
la que necesito para tenerte a mi lado.

Buscaré en la ceniza del ayer,
de lo que fue o pudo ser,
y en lo que mi amor pudo encender,
pero mi debilidad no supo mantener.

Buscaré en mi pobreza
los límites que, lejos de atarme,

deberían darme alas y elevarme
a las alturas de tu grandeza.

Buscaré en mis lágrimas,
que sólo a ti te dejo ver,
testigos de mi historia
y de lo más profundo de mi ser.

Buscaré en mi hermano,
aquel que me ha tendido la mano,
pero también en el que me ha herido
o del que voluntariamente me he alejado.

Buscaré también en mi pecado,
preguntándome por qué me alejé de ti,
si a mi lado Tú siempre has estado
como amigo verdadero y fiel aliado.

Buscaré lejos, para después hacerlo cerca,
incluyendo mis sueños e ilusiones,
pero más en los huéspedes de mi interior:
mis límites y talentos, amores y pasiones.

Buscaré y ahí te encontraré;
encontrándote, te abrazaré,
y abrazándote, te preguntaré:
"¿Cómo no te vi antes?
¿Cómo no te supe descubrir?"

Si a cada tiempo, persona y lugar;
si en cada lágrima, dolor o temor;
si en todo capítulo de mi vida
estabas, y estás, mirándome y diciéndome:

Jesús a mi alma:

Aquí estoy, dejándome encontrar.
Allí estoy, en todos ellos.
No son cruces, ni dolores, ni olvidos,
sino mis nombres y apellidos,
mi presencia silenciosa en tu vida.

Déjate abrazar por la esperanza.
Lleva ya tu libertad a lo más alto.
Contempla, ya sin miedo y con confianza,
aquella luz que en tu salida buscabas
y que en las estrellas recordabas.

Soy Yo la Luz.
Soy Yo el Camino.
Soy Yo la Verdad.
Soy Yo la Vida.

Amén.

53512923R00146

Made in the USA
Columbia, SC
16 March 2019